国境の島・対馬のいま

日韓、交流と摩擦のあいだで

星亮一

現代書館

はじめに

日韓問題はこじれにこじれている。

日本と朝鮮半島は一千年以上の深い付き合いがある。にもかかわらず戦後、これほど悪化した時代はなかったのではないか。

首脳会談も開けない戦後最悪の状態が長く続いた。この事態にもっとも苦しんできた人々は、韓国に最も近い島、対馬の人々だった。

韓国第二の都市、釜山とはわずかに四十九・五キロの距離である。対馬からは晴れた夜、釜山の夜景が見えるのだ。釜山の人にとって対馬が一番近い外国なのだ。

対馬に年間二十万人近い韓国の人々が訪れ、韓国資本による土地、建物の買い占めも横行している。実情はどうなのか。私はジェットフォイルで福岡から対馬に渡り、対馬の人々から話を聞いた。確かに大勢の韓国人が対馬を訪れていた。

対馬の人口は三万人台である。そこに二十万人もの韓国人が観光、サイクリング、ショッピングなどで訪れるというのは驚きといえた。

対馬のメインストリート厳原《いづはら》の街は韓国人観光客であふれ、韓国の人々が大手を振って歩いていた。

日韓関係の悪化の影響で、対馬の神社の絵馬には、「対馬は韓国の領土だ」といったハングル文字がいくつも下げられ、ごく最近も仏像の盗難事件が発生した。

三年前にも、国指定と長崎県指定の重要文化財が韓国の窃盗団に盗まれてしまい、韓国の警察は盗んだ仏像を売りさばこうとした男たちを摘発したが、いまだに盗品は返還されていない。

様々な思いを胸に街角に立って韓国からの観光客を眺めていると、奇妙な現象に気づいた。

韓国の人と対馬の人との間にはあまり会話がなかった。お互い無言のまますれ違っていた。私のような旅人にはうかがい知れない気まずい空気があった。

我々は対馬の人々が抱える重荷を共同で受けとめなければならないと強く思った。私は韓国の観光客に「対馬はどうですか」と話しかけてみた。

「対馬は自然がきれい。歴史もある」

と言ってワッと集まってくれ、一緒に記念写真に収まってくれた。私の印象は楽観的だった。ところがその後、対馬を訪ねた知人にインタビューを依頼したところ返ってきた反応は異なっていた。日本が謝罪すれば、許してあげるという対立の目線だった。

何をどう謝罪せよというのか、従軍慰安婦、日韓併合などのことであろうか。

対馬は日本固有の領土である。日本の対馬を旅して、この発言はどうなのか。あまり気持ちのいいものではない。以前には、韓国の国旗を振りかざす集団もいた。

日本と韓国は歴史的に見ると親戚、兄弟の様な関係だが、れっきとした別個の国家である。そこはお互いに、はっきりわきまえなければならない。その上にたっての友好ではなかろうか。

それにしても残念なことは、対馬を訪ねる日本人が、韓国人に比べるとはるかに少ないことである。

これでは話にならない。

一人でも多くの日本人が対馬を訪ね、対馬探訪のかたわら韓国の観光客に話しかけ、日韓友好の絆をつくることが大事ではなかろうか。

長崎県は長崎大学と釜山大学校の学生との交流会を始めたし、北海道大学スラブ・ユーラシア研究センター境界研究ユニットを中心にシンポジウム「国境観光を創る――対馬の挑戦」を開催した。一般社団法人ＭＩＴのように全国から対馬に若者を集め、漁業や農業、自然保護などについての挑戦も始まった。

どれも素晴らしいことだが、国の対応がやや、弱いことが気になる。

島根県の竹島、沖縄県の尖閣諸島はよく新聞やテレビに登場し、内外の関心を集めているが、対馬は話題になることが少ない。それが問題なのだ。

二〇〇五年、韓国南部の馬山市（現昌原市）は対馬が韓国の領土であると主張、「対馬の日」を制定した。またソウル近郊の議政府市は日本政府に対馬の即時返還を求める決議をした。

これも全くの誤りである。

何度もいうが、対馬は古来からの日本の領土である。今求められること、それは日本人がもっともっと、対馬に関心を持つことである。日本政府も本腰を入れて対馬対策に乗り出すべきである。

この本には、対馬の人々の全面的な協力で多彩な写真を挿入することができた。私と対馬の人々の合作といっても過言ではない。また巻末に立平進氏の「対馬民具紀行」と阿比留嘉博氏の「対馬の文化財概説」を収録させていただいた。この本の史料的価値を高め、深く感謝申し上げる。対馬は日本文化の原型、アジアの十字路という説もある。たまらなく魅力のある島である。

国境の島・対馬のいま
——日韓、交流と摩擦のあいだで

＊目次

仁王像の顔

遣新羅使が出帆した入江

第一章　国境の島

船の旅

私はどうしても対馬を訪ねたいと考え、昨年の初夏のある日、博多からフェリーで対馬に向かった。博多で手に入れたパンフレット「対馬」には、

「千年の、友好の火を灯し続ける国境の島」「国境のエキゾチックに会いに山へ、岬へ、町へ」

とあった。たしかに国境という言葉には、心をかき立てる響きがあった。飛行機と違って、船の旅にはロマンがあった。私は船が好きで、沖縄、上海、釜山、サハリンに船で出かけたことがあった。すれ違う船をカメラに収め、海原をじっと見つめる時間はたとえ二時間余という短い時間でも胸が躍るものだった。

途中、船は壱岐の港に入港した。

壱岐と対馬の距離は五十キロ余りである。ここは平地が多く、博多に近いせいもあってキャンプ場などもあり、近年にぎわっているということだった。

昔の話だが、壱岐と対馬は、あまり仲が良くなかった。古代、中世においては敵同士だった。『対

いうのである。

馬島誌』をめくると、よく戦争をしていた。対馬は米がとれない、そこで壱岐に米を奪いに行ったと
私は博多から船に乗るとき、壱岐市福岡事務所に立ち寄り、壱岐と対馬のことを聞いた。

「争いは大昔の話。壱岐と対馬、仲がいいですよ」

と所員の女性が語った。壱岐に生まれ山口の大学で勉強し、ここに勤務しているという。

「彼はタンカーに乗っているので、時々しか会えません」

と言って笑った。

船はやがて対馬の港、厳原に入港した。

対馬は日本列島のなかで、どのような位置をしめてきたのか、どんな歴史や風土を持っているのか。

私の心は躍った。波止場のいたるところにハングル文字が書いてあり、「そうか、やっぱりここは国境の島だ」というのが第一印象だった。

山が多い

ホテルで荷物をおろし、対馬の市役所に向かった。資料収集である。今どこの市役所や町村役場でも窓口にずらりと各種資料を並べている。

対馬は南北約八十二キロ、東西十八キロ内外と細長く、上島《かみじま》と下島《しもじま》に分かれているが、これは明治三十三年（一九〇〇）の万関《まんぜき》開削によるものと記載されていた。

面積は六百九十六平方キロ。小さな島も含めると約七百八平方キロ。沖縄本島、佐渡島、奄美大島

につぐ大きな島である。人口は三万五千余人。平成十七年（二〇〇五）の国勢調査では三万九千九百十九人であったが年々、減少の一途をたどっている。

明治九年以後長崎県に属し、平成十六年三月一日に六町が合併して全島が対馬市となった。ちなみに新潟県の佐渡島は、面積八百五十五平方キロ、人口は六万三千余人、対馬の倍の人口を誇る。対馬はそれだけ過疎化が進んでいることになる。

対馬の地形の特徴は、約二百から三百メートルの山地が多いこと、海岸近くまで山が迫っている場所が多く平地に乏しいことである。なにせ山林が大部分（八十九パーセント）を占めているのだ。縄文時代から古代まで人が生活した遺跡は、ほとんど海辺に近いという。

古代から中世、対馬の生業は畑作と海にあった。

中心は厳原

対馬の語源は、日本から朝鮮半島（新羅）へ渡る際に停泊地となる島（津島）だったことに由来するとも、朝鮮半島の馬韓《ばかん》に相対する位置にあったことから来たともいわれていた（『日本国語大辞典』）。

対馬でもっとも大きな街があるのは厳原である。藩政時代、ここに藩庁が置かれ、現在も市役所が置かれている。

仏教の里

市役所で手に入れた数種類のパンフレットを眺めていて、「えっ」と驚いたのは、「日本で最初の寺は対馬にあり」という文面だった。

仏教がインドで生まれたのは、紀元前五世紀。中央アジアを経て中国に伝えられ、朝鮮半島を経て日本に渡来したのは、五五二年（欽明天皇十三年）とされている。対馬にはそれよりはるか以前に、仏教が伝来していたというのである。

当時、美津島町小船越に船着場があり、ここで朝鮮からの荷物が陸揚げされた。仏像が多く輸入され、一時期、ここの梅林寺に仏像が安置された。何体かは対馬の寺院が引き取った。その数、百三十体以上の渡来仏が確認されており、対馬は紛れもなく仏教の里であった。

「そうか」

私は改めて対馬が持つ様々な魅力に感じ入った。

その仏像が盗まれたのは三年前の平成二十四年（二〇一二）十月八日である。

峰町のふるさと宝物館から海神神社所有の国指定重要文化財「銅造如来立像」が盗まれたと、対馬市教育委員会に連絡があった。だが点検するとここだけではなかった。

豊玉町小綱の観音寺からも長崎県指定有形文化財「金銅観世音菩薩坐像」と厳原町豆酘《つつ》の多久頭魂神社所蔵の長崎県指定有形文化財の「大蔵経」もなくなっていた。

「銅造如来立像」は、統一新羅時代（八世紀）で約一億円の鑑定額がついていた。

「金銅観音菩薩座像」は高麗時代末期（一四世紀）に製作された仏像である。

これも価値の高いものだった。

犯人は韓国人で、韓国に逃亡してしまったので、どうにもならない。

韓国の司法当局は犯人を捕らえたが、仏像を返す気配は微塵《みじん》もない。「日本人が韓国から奪った可能性が十分にある。はっきりするまで返還できない」と冷たい返答だった。

朝鮮王朝の正史『朝鮮王朝実録』に「銅造如来立像」が対馬にもたらされた時期は倭寇の登場よりずっと前と記述されており、倭寇の略奪品とはいいがたい。

韓国にも「仏像は日本に返すべきだ」という声もあり、これを放置しておくのは、日韓関係に支障をきたすことは間違いない。

韓国資本

対馬が韓国パワーに席巻され、島の不動産が続々と韓国資本に買い占められていると言われて十年以上になる。リゾートホテル、民宿、釣り宿、ずいぶん韓国資本に買収されたという。

日本も昨今、ようやく自国の防衛を考えるようになり、安全保障の面から対馬を捉える人も増えている。加えて微妙な影を落としているのは、北朝鮮の政情不安である。

オバマ米国大統領は、将来、北朝鮮は崩壊すると断言しているし、内部事情も複雑化している。最近の報道では北朝鮮では朝鮮人民軍の幹部が多数降格され、女性問題や韓国ドラマを視聴したなどの理由で朝鮮労働党幹部約十人を含む約五十人が銃殺されたという報道もあった。この国は深いベールに覆われていて、よくは分からない。

私は過去に韓国と北朝鮮の軍事境界線にある板門店《はんもんてん》を韓国側と北朝鮮側から訪れている。

浅茅湾。多くの入江と小島が印象的

北朝鮮はピョンヤンを離れると、車が少なくなる。対向車にすれ違うことはめったにない。板門店に行くと、望遠鏡で韓国側を見ることができる。

「あれはどうも日本人だ」

と思われる一団が、こちらを見ていた。

向こうはどんな感じでこちらを見ているか、妙な気分だった。多分、北の人間と思って見ていたに違いない。

過疎に拍車

対馬は山がすぐ海に迫っているので、広い砂浜はない。場所によっては百メートルにも及ぶ断崖絶壁があり、対馬を上下に分断する浅茅湾《あそう》には、大小さまざまな入り江と小島があり、美しい景観をなしている。しかし耕地面積はわずか一・四パーセントにすぎない。

林業は価格の低迷で不振、漁業も燃料費の高騰や価格安などで危機的な状況に追い込まれている。

経済状況の悪化は島の過疎化に拍車をかけている。そこに追い打ちをかけているのが人口減である。対馬の諸問題の根源はこの過疎化にある。

大正九年の第一回国勢調査の際、人口は五万六千六百四十八人だった。戦後、人口が増え、昭和二十二年は五万七千四百七十八人、昭和三十五年には六万九千百八十一人と最高を記録した。しかし最近は三万人台に落ちている。私が対馬で泊まったホテルのフロントの女性は、

「主人は福岡で働いています。こちらにいるのは、娘二人と私の三人家族です。娘は対馬がいいというので」

と言った。

若い人は島を出る

結局、韓国人の観光に頼ることになるのか。

長崎県対馬振興局による人口予測では、二十六年後、二〇四〇年の対馬の推計人口は約一万八千人、今後、年間六百人から七百人減少していくという。しかも、そのうち六十歳以上が約八千人で、十五歳〜六十四歳も八千人と推計され、生産年齢の一人が高齢者一人を支えるという状況に陥る。このため先祖代々受け継がれてきた地域社会を維持することが極めて困難になる。

そういう状況に対馬は置かれている。

第二章　問題山積

地方消滅

現代の対馬の最大の問題は過疎化である。

「韓国に乗っ取られるのではないか」という心配もすべての根源は過疎化にある。対馬では若い人の姿が年々減っている。寂しい風景が目立つ。子供の数をいかに増やすかだ。

昨今のベストセラー、増田寛也著『地方消滅』（中公新書）を読んで「抜き差しならない事態にきている」と改めて痛感した。そこには、ほぼこうあった。

二〇〇八年（平成二〇年）をピークに人口減少に転じ、これから本格的な人口減少社会に突入する。

このまま何も手を打たなければ、二〇一〇年に一億二千八百六万人であった日本の総人口は、二〇五〇年には九七〇八万人となり、今世紀末の二一〇〇年には四九五九万人と、わずか一〇〇年足らずで現在の約四〇パーセント、明治時代の水準まで急減すると推計されている（いずれも国立社会保障・人口問題研究所「日本の将来推計人口（平成二四年一月）の中位推計による）。

人口予測は、政治や経済の予測と比べて著しく精度が高いと言われており、大きくぶれることはない。過去に出された推計値と実際の数値を比べれば、むしろ若干厳しい数字に向かうと予想される。

人口減少問題は、いま急に現れたわけではない。戦後一九四七〜四九年の第一次ベビーブームのとき四・三二だった日本の合計特殊出生率（一人の女性が一生に産む子どもの平均数。以下、出生率）は、低下傾向で推移し、二〇〇五年に過去最低の一・二六を記録した。

その後は持ち直し、二〇一三年には一・四三まで回復しているものの、依然として低い水準にとどまっている。

ちなみに人口数を維持するのに必要な出生率を「人口置換水準」というが、二〇一二年現在の日本の場合、これが二・〇七といわれている。

一・四三という数字は、将来、日本の人口が現在の約七割に減少することを意味している。問題は対馬である。

対馬はどうなるのか

総務省統計局の国勢調査によると、対馬の人口は次のように推移してきた。

昭和四十五年（一九七〇）五万八千六百七十二人
昭和五十年（一九七五）五万二千四百七十二人
昭和五十五年（一九八〇）五万八百十人
昭和六十年（一九八五）四万八千八百七十五人
平成二年（一九九〇）四万六千六十四人
平成七年（一九九五）四万三千五百十三人
平成十二年（二〇〇〇）四万千二百三十二人
平成十七年（二〇〇五）三万八千四百八十一人
平成二十二年（二〇一〇）三万四千三百九十九人

と五万人台の人口が徐々に落ち込み、今では三万人台に落ち込んでしまった。今後、どこまで減るのか。二〇四〇年には、一万四千七十六人、現在の半分になると予想されている。その後もどんどん減り続ける。いずれ人がまばらな限界集落になってしまうのだ。

『地方消滅』に戻ろう。

この間、政府は二〇〇三年七月に「少子化社会対策基本法」を制定し、内閣府に「少子化社会対策会議」を設置、さらに二〇〇七年の第一次安倍改造内閣以降は、内閣府特命担当大臣（少子化対策担当）を任命し、少子化対策に取り組んできた。

しかし、残念ながら有効な対策が打ち出せていない。その背景には、私たち国民のこの問題に対する関心の薄さもあった。

これまで経験したことのない問題に私たちは直面するのだ。

確かに周囲を見ても子供は二人が普通である。三人になると「いいねえ」とはいうが、自分たちは二人にとどめている。なぜ三人に踏み切れないのか。共稼ぎが増えているので育児に時間が十分に取れない。さらに教育費が高いなど社会のひずみが背景にある。

韓国に依存

当然、人口減で対馬の経済は落ち込む一方である。それをカバーしているのが、対馬を訪れる韓国人観光客になるわけである。

対馬観光物産協会によると、韓国から三千円で対馬と往復できる船もあるといい、韓国人にとって対馬はまさに、「安くて近い外国」なのである。

平成二十四年（二〇一二）の韓国人旅行者の経済効果は対馬振興局調べで約三十三億円。年々、これは増える一方である。

週末、厳原港と比田勝《ひたかつ》港には、釜山からの高速フェリーが入港し、続々と韓国人観光客が到着する。

平成十一年までは毎年九千人ほどだったが、平成十六年には二万人を突破。十八年には四万二千人、二十年には十万人に到達した。島民の人口約三万八千人の二倍から三倍にあたる。

そして平成二十六年度にはなんと十九万四千人を超えた。二十万人の突破は時間の問題である。

対馬ブーム

韓国からの観光客増加の理由はいろいろある。

平成十二年に韓国の(株)大亜高速海運が対馬~釜山間の定期航路を就航させたことが対馬ブームのきっかけだった。観光地も多い、食事もおいしい、親切な人も多いと人気は高まり、対馬ブームがまき起こった。

もう一つは対馬が「しま交流人口拡大特区」に選ばれ、平成十五年から韓国人のビザ無し渡航が始まったことである。

対馬の北部の港比田勝と釜山の距離はわずかに四十九・五キロ、一時間十分で高速船が運航している。これに伴い韓国企業も対馬に乗り込み、韓国人観光客用のホテル、観光バス、料理店を島内に次々と展開、韓国人観光客は、言葉も日本の習慣も気にすることなく自由に対馬を歩けるようになった。これは快適に違いない。観光客だけではない。日本語を学ぶ韓国の学生の姿も目立ってきた。時間的にも経済的にもこれほど便利な場所はない。韓国との交流の歴史も数多く残っており、

「短期間で日本の文化を学べる」

というわけだ。

この結果、経済効果も大きなものがある。一方で対馬の市民からは、「あまり歓迎できない」という批判の声も出ている。痛し痒し、様々な問題があるからだった。

ダメよ、ダメダメ

対馬の繁華街、厳原はいつも韓国人の団体客であふれている。

飲食店の多くは、すでに韓国資本の手に渡っているとも言われる。街の中心部には韓国人専用の免税店があり、私が中に入ったら、

「あなた日本人でしょう。ダメよ、ダメダメ」

と追い出された。ここは日本じゃないかと思ったが、買い物はできなかった。

対馬の中心地、厳原の街の様子は韓国の雰囲気が漂っている。交通標識もハングル文字、スーパーに入ると商品名は日本語とハングル文字が一体になって表示されている。

対馬観光物産協会には「韓国人旅行者が車が通る道いっぱいに広がって歩き、道にごみを捨てたり、路上で騒いだりするなどマナーが悪い」、ホテルや旅館からも「夜中に騒いだり、トイレを汚したりする」などの苦情が寄せられていた。私が直接聞いた話でも、スーパーでは、

「支払い前に店内のバナナを食べる。注意されなければ支払わない」

「展示してある口紅を使って戻す」

タクシーでは、

「目的地に到着すると代金を支払わずに走って逃げる」

「日本の五百円硬貨と韓国の五百ウォン硬貨が似ているので日本のお金と混ぜて支払う」

そのほか、

韓国人観光客の需要を当て込んだ免税店も。

「健康ランドの湯船の中で体を洗う。シャンプーなど備品を持って帰る」

「神社では、お賽銭がとられた」

「山登りをして薬草や珍しい植物を採って帰る者がいる」

「逆に韓国の国花である『むくげ』を対馬に持ち込んで植樹していく者もいる」

「温泉に入るとき体を洗わない。タオルを湯船に浸けるなど、衛生観念がなさすぎる」

「居酒屋では酒だけ頼んで持ち込んだつまみで飲む」

などの苦情が多くあった。

釣り客のマナーも悪い。

「韓国人釣り客の中には、禁止されているまき餌を使って釣りをする者もいる。大量に獲った魚を箱詰めして韓国に持ち帰って売りさばいている。冗談じゃないよ」

など不平不満が噴出していた。

「あまり話したくない」

「できれば来てほしくない」

という人がいることは事実だ。

目が吊り上がる

昨年、韓国の放送局ＣＢＳが韓国人七百人に対し行った世論調査で、五〇・六パーセントの人が日本に対馬の返還を要求しているというデータがあった。対馬の人々にはこれが一番頭に血がのぼる。

「韓国人と聞いただけで、じいちゃん、ばあちゃんの目が吊り上がる。来ないでもらいたい」

とエスカレートする。

一方で、現実を直視せよという反論もある。

「そんなこと言ってみたところで日本人は観光に来てくれない。政府はわれ関せずですよ。今や韓国を抜きにして対馬の経済は考えられません」

ホテルの経営者は割り切っていた。

対馬市の財政も実は恩恵を受けていた。

対馬市には不動産取引税が入るほか地価高騰で固定資産税も増収、所得税、市民税といった税金が入るのだ。島にとっては痛し痒しというわけである。

「三、四千億もあれば、過疎化している対馬など簡単に買収されてしまう」

私が宿泊したホテルの経営者は憮然とした表情で語った。一方で、

「何が何でも私は抵抗します。小学校時代、何人か韓国人の同級生がいた。ことごとく仲が悪かった。彼らがこれ以上、入ってくるのは反対。いやだね、とにかく私は反対」

という経営者にも出会った。

また、「少し気をつけました」と語るスーパーのレジ係の声がフェイスブックに載っていた。偶然かもしれないし、ガイドの指導があったのかもしれない。

よく対馬を訪れる釜山の女性は、「同じ韓国人として恥ずかしい」とフェイスブックに書き込んでいた。これを見た対馬の若者が、

「日本人にもマナーの悪いやつはいる。あまり気にしないで」

と書いていた。一番大事なことは心が通い合うことではないだろうか。角《つの》つきあわせて、喧嘩ごしになる必要はない。もっとも、皆軍事衝突までの心配はしていない。

「日韓関係が悪化して、万が一、韓国軍が攻めてきたらどうしますか」

「それはありえない。日米同盟がある限りありえない」

これは皆同じ考えだった。日米安保条約に日本は守られている。

しかし陸上自衛隊は三百七十人程度、仮に他国の軍隊が上陸作戦を展開しようものなら奪還は不可能である。対馬の過疎化に歯止めをかける意味でも千人規模の部隊展開は必要ではなかろうか。

またも仏像盗難事件

仏像盗難事件は、その後も繰り返されている。二度目の事件が昨年、平成二十六年十一月に起こった。『対馬新聞』の報道によると事件はほぼこのようなものだった。

二十四日午後二時頃、美津島町小船越の梅林寺（春田勇禅住職）から、市指定文化財の仏像一体、

〈九世紀に新羅から贈られたとされる銅製の誕生仏〈高さ約十・六センチ〉〉が盗まれたと急報があった。

対馬南警察署は境内を韓国人がうろついていたことを知り、捜査員が厳原港に向かい、調べたところ仏像を所持していた韓国人を発見、韓国籍の四人を順次、緊急逮捕した。翌日、さらに一人を逮捕した。

逮捕された五人のうち、二人は容疑を認め三人は容疑を否認した。また梅林寺に仏像と一緒に保管されていた経典も多数無くなっていた。

春田住職は、

「大事に供養しているものが奪われた歯がゆさがある。二年前の仏像盗難事件もあり、今回は徹底追及してくださいと、警察にお願いしている」とコメントしていた。

古美術関係者の話によると、

「二年前に対馬の観音寺から希少性の高い高麗時代の観世音菩薩坐像が盗まれたが、四百五十億ウォン〈約四十八億円〉の値がついていたとも言われています。韓国では、日本の仏像というだけで高値で売れるという噂が一人歩きしていて、こうした犯罪が後を絶たない。まさか四十八億は話だけでしょう」

ということだった。

急速に進む国際化は島の経済を支える一方、仏像の盗難事件のようなリスクも背負うことになる。

「韓国との関係は切っても切れないものがある。国境の島の宿命なのか」

島民の心境は複雑だった。

今回の事件について長崎県知事と対馬市長の談話も『対馬新聞』に掲載されていた。

中村法道長崎県知事
「人口が減少し、地域によっては文化財に人の目が届かない状況にある」
と説明、公的な施設で文化財を一括管理する必要性を強調し、対馬に博物館を新設し、市内の寺社や個人から文化財を預かる計画の具体化を急ぐ方針を明らかにした。

財部能成対馬市長
「二年前の仏像盗難事件で、仏像二体がいまだに韓国側から返還されていない中で、再びこのような事件が起きたことはとても残念だ。島民の気持ちを逆なでする行為で、腹立たしく感じている。対馬は歴史的にも、韓国との交流を続けていかなければならない現状があり、国の外交場面でも、よい関係を築いていってほしい」

一方、韓国では、

「私たちが日本に対して、泥棒と言いたい」

「仏像の起源や略奪があったことを知らないのか？」

「私たちの文化と技術をずっと盗んできたのは日本」

「エジプトも流出した文化財の返還を求めている」
などと主張、返還の動きは希薄のようである。残念というか、無念な思いがする。

過激すぎるデモ

対馬の人々が、韓国人を嫌う理由の一つは、仏像盗難もさることながら過去にきわめて不快な事件が起こっていたことにある。

平成二十年七月のことである。「大韓民国傷痍軍警独島死守決死隊」を名乗る韓国の退役軍人が対馬に姿を現し、市役所前の歩道で抗議し、

「独島は韓国領土　対馬も韓国領土」

と主張する横断幕を掲げ、同じ主張を書いたTシャツを着用し、韓国国歌を歌い、日本に謝罪と撤回を求める声明書を呼み上げ、シュプレヒコールで拳を突き上げたからだった。

この中の何人かは韓国旗を身にまとい、バリカンで頭を丸刈りにしていた。

一部メンバーは激高して指先をかみ切って流れ出た血で韓国旗に、

「独島は私たちの土地だ」

とハングルで記し、抗議の意志を示した。その光景はどこから見ても異常だった。

一方、対馬の市民は道路の反対側で日本国旗を掲げ、

「韓国は間違っている」

「対馬は日本領土だ」

「帰れ、帰れ」

と抗議し、双方に怒号が飛び交ったというのである。

退役軍人たちは対馬市役所敷地内で抗議文を市に手渡そうとしたが、市側は拒否した。

それ以来、

「韓国人の顔を見るのも嫌だ」

という人が増えたことは事実だった。

対馬新聞社の発行人多田直樹さんと夕食を共にした。多田さんは、韓国問題について多くを語らなかった。

「なんのために徒党を組んでやって来たのか、理解に苦しむ」

と暗然たる表情で語っただけだった。

対馬の知識人は一様に口が重い。私はその重さに対馬に住む人々の苦悩を感じる。そして日本国民はもっと国境の島に関心を持つべきだと思うのである。

潜在的恐怖

対馬が抱えている潜在的な問題に北朝鮮の動向がある。金正恩《キムジョンウン》第一書記は年頭のあいさつで「南北朝鮮の対話」を訴えたが、韓国はあまり相手にはしていない。

対馬では、いつ戦争になるかわからないと警戒している人もいる。仮に朝鮮半島で戦乱が起こった場合、大量の難民が発生し、対馬に殺到する事態が想定されるからである。

脱北者が世界各地でしばしば講演や記者会見を行い、金正恩第一書記は金正日《キムジョンイル》総書記ほどに権力を掌握できていないと指摘し、内部闘争の恐れや統治システムの衰退で、体制崩壊近しと伝えていることもあり、そうした報道があるたびに、対馬の人々は不安を募らせる。

「これはあり得ることですからね」

対馬の人々は、首をすくめる。

「それに備えて土地や家屋を買っている人がいるんじゃないですか」

そんな声も聞こえてくる。一方で

「そこまで心配したら生きていけませんよ」

という人もいる。

平成十三年（二〇〇一）には武装した北朝鮮工作船が奄美大島沖で海上保安庁の巡視船と銃撃戦となり自爆沈没する事件が起こったことは記憶に新しい。

北朝鮮の光景。上から金日成親子、また著者と現地の警官など

拉致もある

拉致問題もいまだに解決していない。相手は何をしでかすかわからない国でもある。

「怖い、怖い」

対馬の人はこの話になると身震いする。

日本政府は有事の場合、北朝鮮から十万ないし十五万人が日本へ上陸するとみている。しかし直接、日本にくるには船が必要である。したがって船で脱出できる人は少なく、大半は朝鮮半島を縦断し、韓国の船を使い対馬もしくは九州に上陸するのではないかと危惧されている。

対応するのは自衛隊になるが、陸上自衛隊も現在約三百七十人しか駐留しておらず、警備は困難である。このほか航空自衛隊が、島の北東部の海栗島にレーダー基地を置いているが、規模は小さく、難民保護の能力はない。

全くお粗末の限りである。

不審船の密漁

日韓漁業協定により、対馬海峡は中間線をもって日韓両国の専管水域としている。しかし韓国側による密輸、密航、密漁など対馬海峡を舞台とした海上犯罪は後を絶たない。

二〇〇五年には、韓国籍アナゴ漁船「五〇二シンプン」号が、日本の排他的経済水域内で密漁していたが、これを知った海上保安庁第七管区海上保安本部の対馬海上保安部の海上保安官二名が、捜査のために乗り込むと、海上保安官を乗船させたまま逃亡する事件が発生している。これは危険な行為だった。

韓国の日本海沿岸部は、釜山をはじめとする急速な工業化で海洋汚染が進み、加えてトロール漁法による乱獲で、水揚げ高が激減しているという。対馬と韓国の中間に位置するEZラインと呼ばれる境界線付近で操業する船は極めて多い。

また懸案事項には漂着ゴミの問題もある。海を越え対馬に流れ着く漂着ゴミは膨大な量である。強い風が吹く冬の時季は特にひどい。対馬市役所の推計によると、現在、対馬の海岸部に漂着している漂着ゴミの総量は、およそ一万八千トン。

最短四十九・五キロの近距離にあるので、東シナ海から対馬海流に乗り、また冬の季節風に押され北西部の海岸には流木や発泡スチロール、プラスチック容器を中心に多種多様なゴミが漂着してくる。

島内のゴミ焼却施設の処理能力は、市民が排出するゴミの処理で限界に達している。このため漂着ゴミを処理する場合、島外への搬出が必要となり、それに必要な費用は、およそ九千五百万円。処理に困るのは医療系廃棄物。二〇〇六年度は約六百個体が回収され、そのなかに二百本の使用済み注射器が含まれていたという。

ゴミ処理は現在、ボランティアに多く頼っている。これではゴミの対応は困難だ。韓国でも中国からの漂着ゴミの処理が問題になっている。根本的には日中韓での共同対応が必要になっている。

紙面に限りがある。対馬の歴史に入りたい。

第三章　境界に生きる人

海人

ここから古代史の世界に入る。

中世史家、村井章介《むらいしょうすけ》著『中世日本の内と外』（筑摩書房）には「中世の日本では国や民族をこえた人々の集団が行き交じっていた」とあった。

村井氏は一九四九年、大阪市生まれ。東京大学大学院人文科学研究科修士課程修了。東京大学史料編纂所を経て、同大学院人文社会系研究科教授、立正大学教授などを歴任した。

村井氏は古代の対馬人を海人《かいじん》と呼んだ。

民俗学では、複数の中心のいずれにとっても辺境であったような場所、境界に生きる人間をマージナル・マンとも呼んでいた。

朝鮮半島の間に横たわる東シナ海、南シナ海は対馬人にとって、それは内海であり、そこから中国大陸、東南アジアにつながっていた。当時、海に国境という意識はなかった。

その意味では対馬人は、海人であった。

私は何度か中国の黄河や長江の流域を旅したが、そこには水辺で暮らす人々の姿があった。水辺の人々が川を下り、日本を目指した人々もいたに違いなかった。

最古の人骨

対馬で出土した最古の人骨が長崎大学医学部の解剖学教室に残っている。峰町の佐賀《さか》貝塚で発見された縄文中期（約四千〜五千年前）頃のもので、人骨の耳の穴には奇妙な突起状のこぶができていた。これは「外耳道骨腫《がいじどうこつしゅ》」と呼ばれるもので、水圧や冷たい水の刺激によって、外耳の軟骨が徐々に隆起してできるものだという。

このこぶは十六、七歳以上の潜水漁師によく見られることが、医学上確かめられている。ここから推理すると、六千年前、中国の浙江省から対馬に渡来した漁労民の可能性が高かった。

魏志倭人伝

対馬は古来から大陸通行の表門だった。

中国の歴史書『三国志』中に「魏志倭人伝《ぎしわじんでん》」がある。倭人とは日本人のことで、当時、日本列島にいた倭人の習俗や地理などについて書いた史書である。倭の国は韓国南の狗邪《くや》韓国から海を渡り、対馬に到着し壱岐を経て九州北岸に達するとあり、このルートが朝鮮と日本を結ぶ正常な道だった。ここに三世紀ころの対馬の記述があり、「居るところ絶島、方四百余里、土地は山嶮《けわ》しく、深林多く、道路は禽鹿《きんろく》の径《みち》のごとし、千余戸あり、良田なく、海物を食して自活し、船に乗りて南北に市糴《してき》す」とあった。市糴とは米を購入すること、広くは交易である。

対馬の縄文時代晩期から弥生時代にかけての遺跡からは、大陸経由の石器や土器がよく出土する。やがて青銅器、鉄器の時代に移るが、これも朝鮮と同一線上にあり、対馬と朝鮮は切っても切れない関係にあった。

その前にひとつ、考えなければならない問題がある。日本人はどこから来たのかである。これは実に広がりのある果てしなき旅路だった。

原日本人

二〇〇一年に放送されたNHKスペシャル『日本人はるかな旅』に、私は釘づけになった。丁度、私がシベリアのバイカル湖や中国の雲南や長江を旅した時期と重なっていた。帰国して原稿をまとめている最中に、この番組を見たからである。

強い印象を受けたのは、第一回の「マンモスハンター　シベリアからの旅立ち」と第四回の「イネ、知られざる一万年の旅」、第五回の「そして〝日本人〟が生まれた」だった。

「巨大噴火に消えた黒潮民」「海が育てた森の王国」も大変参考になったが、中国、朝鮮と深く関係するのが一回、四回、五回の三本だった。第一回の放送で、NHKはいきなり原日本人のルーツはシベリアの北方民族、ブリヤート人だと報じた。

「そうだったのか」

というのが、私の印象だった。

私はバイカル湖畔のブリヤート共和国を訪ねたことがある。彼らの顔は、男性も女性も日本人と瓜二つで見分けがつかないほどだった。

ホテルのフロントの女性はどこから見ても日本人だった。違うのは話す言葉がブリヤート語ということだけだった。

気候の変動

かつてのシベリアは大型動物の成育に適した草原の土地だった。ところが気候の変動で氷河時代となり、ブリヤートの人々は温暖な日本を目指した。それは二万年も前のことだった。皆、優れたハンターで、狩猟で生計を立てていた人々だった。使う土器が縄文土器なので、縄文人と言われた。

ブリヤート人の女性

放送の結論は、日本人は北の狩猟人シベリアハンターと中国や南方から渡来した弥生渡来人が混血、融合したというのだった。

縄文時代の初め、シベリアと日本列島は陸続きであり、ブリヤートの狩猟民族はマンモスや熊など大型動物を追って日本列島にやって来たというのだった。

縄文時代は、採集、狩猟、漁労に生活の基盤をおいていた。対馬では、八体の人骨が発掘された志多留《したる》貝塚（上県町）や、建物跡や腕輪、装飾具が同時に発見された先述の佐賀貝塚が知られている。

新渡来人

中国から朝鮮半島経由で北九州に渡来した弥生人がいた。彼らは日本に熱帯ジャポニカという稲を持ち込み、九州の辺りで栽培した。当初は水田耕作ではなく陸稲《おかぼ》だった。

彼らは強力な弓矢を持ち、戦いに慣れていた。縄文人と渡来人との間で激しい戦いになった。渡来人の巧みな戦術で縄文人は殺され、次々に土地を奪われていった。渡来人は奪った土地で水田を開き、米を栽培した。この時代は二千四、五百年前とされている。中国では春秋戦国時代にあたる。

春秋戦国時代

この時期、中国は日々戦争に明け暮れていた。中国四千年の歴史のなかで最も混沌とした乱世である。各地に割拠した国が激しい戦いを繰りひろげるなか、国が次々と滅亡し、やがて七つの強国に統合された。

こうした戦乱の一番の被害者は、戦争に駆り出された民衆だった。従来の戦争は、戦車など大がかりな兵器を使った貴族同士の戦いだったが、春秋戦国時代になると、多くの民衆が槍や弓矢を持つ歩兵として戦場に駆り出された。

日本も戦国時代は、戦闘の主たる兵士は槍を持った農民だった。

歩兵同士の白兵戦が普通になり、戦闘は前方にひろがる敵とのぶつかりあいへと変わり、戦死者は膨大な数にのぼった。

春秋戦国時代の詩集『詩経』には、戦争に明け暮れる支配者を嘆き、国を捨てて流民となった人々の悲痛な叫びが残されている。

不老不死の国

当時、現在の山東省《さんとう》や江蘇省《こうそ》にあたる中国沿岸部の人々のあいだで、海の向こうに理想郷を求めることが流行していた。不老不死《ふろうふし》の国である。

人間の願望物語である。その国が日本だった。

五百年にわたる絶えることのない戦乱の世である。そこから逃れるには、遠い夢の国に脱出することだった。ではどのようにして渡来したのか。

当初は丸木舟に毛が生えた程度の粗末な船だった。全長十メートルぐらいの必要最低限の荷物を積み、せいぜい一家族か二家族が乗るのが精一杯のものだった。

海が荒れ、海の藻屑と消えた人も多かったろう。その試練を乗り越え幸運にも日本列島にたどり着いた人々こそ、弥生時代、新たな文化を担った渡来人の正体だった。

屋根のある船

歴史は、どんどん変わるものである。

ごく最近のことである。広島県福山市の御領《ごりょう》遺跡で出土した弥生時代後期（二一〜三世紀）の土器片には屋根のある船室《キャビン》を備えた船が刻まれていた。弥生時代の船の絵は全国で二十例以上見つかっているというが、船室を描いたものは初めてだった。

広島県教育事業団埋蔵文化財調査室は昨年暮れに、この事実を発表、全国の新聞に配信された。図面も新聞に掲載されたが、波よけ板も描かれ、船室もあり、公的な交易船ではないかと推理された。

対馬海峡は風が強く三角波が立ちやすいので、朝鮮に渡る場合は風の弱い五月から八月が最適だった。風の利用も大事で、対馬北辺の入江に待機し、明け方に山から海に向かって風が吹く日は、朝鮮海峡を苦もなく渡ることができた。

奇怪な青銅人頭像

私は平成十三年（二〇〇一）八月、福島大学の考古学研究室の人々と雲南を旅したことがあった。雲南に向かう途中、成都《せいと》の北四十キロにある三星堆《さんせいたい》博物館に立ち寄った。そこには世界最大といわれる金箔の青銅人頭像が飾られていた。目が奇妙に突き出し、異様であった。

超権力者の化身か、私にはそう思えた。

古来、中国の人民は自然界を木、火、土、金、水の五元素に分け、それが互いに混和して人間に無限の恩恵を与えると信じていた。

この時代、中国は青銅器文化を生み、殷《いん》は巨大国家に成長する。

殷は紀元前一七世紀〜一一世紀ごろの中国の王朝で、文献には夏を滅ぼして王朝を立てたとされ、考古学的に実在が確認されている中国最古の王朝である。

気が遠くなるほど古い時代の話である。殷の遺跡からは亀甲や獣骨に刻み込まれた甲骨文《こうこつぶん》が出土し、当時の社会構成も分かった。

殷は王宮を中心に多数の族長団が群居する巨大な都市国家だった。

日本はこの時期、どうだったのか。少しだけ青銅人頭像に近いものがあった。青森県の亀ケ岡遺跡から発掘された遮光器土偶《しゃこうきどぐう》である。

考古学ファンならばお分かりだが、大きな眼鏡をかけたような土偶である。

顔は日本人ばなれしており、どこかエスキモーを連想させる土偶である。だが大きさも種類もまったく違っていた。三星堆の造物は写真のように、とにかく巨大で異様であった。

中国の文化は黄河流域に発展してきたといわれてきたが、かならずしもそうではなかった。

城塞都市にびっくり

中国に文明をもたらしたものは稲作だった。稲作が始まると貧富の差、社会の階層化が進み、富が蓄積される。その結果、巨大な集落、城壁都市が生まれ、周辺はだんだん落ちこぼれて一握りの非常に金持ちの人々が富と権力を握るようになる。

そのシンボルが青銅人頭像だった。

権力者はさらに多くの富を得ようとする。

となれば次は戦争である。富の配分をめぐって血まみれの戦争が起こり、軍事集団が誕生して、巨大な城塞で自分たちを守り、敵に対抗するようになる。

それが都市文明、城塞都市であった。

一般的に城塞都市からは戦闘用具が発掘され、首なし死体が数多く出土している。首なし死体はなにを物語るのか。城塞を造るとき、敵の捕虜の首を切り落として城壁の基礎に埋めたとされている。捕虜は殺される運命にあった。

三星堆の都市の上に三星堆蜀国があり、そこには王母と呼ばれた女性がいた。後世の日本における卑弥呼《ひみこ》のような巫女、シャーマンであったろう。

王母は稲作を発展させ、養蚕を重視し、この青銅器を介した宗教思想を王国支配にたくみに利用し、神の具現者として崇拝されたというのであった。ここから人々は沿岸部にどんどん下って行った。

日本はまだ縄文時代だったが、中国では城塞都市が誕生し、大戦乱の時代を迎えていたのである。古代史はとても中国にはかなわない。

中国浙江省

日本に水田耕作がどのように伝えられたのか。一体、どういうルートで、どこから伝わったのか。それは長い間、謎だった。それが分かったのは、昭和四十八年（一九七三）の夏のことである。

中国浙江《せっこう》省の海辺、河姆渡《かぼと》村で水路改修の工事現場での大規模な遺跡の発見が発端だった。

これもNHKがくわしく放送したが、周辺を発掘するとなんと地下五、六十メートルの地下から百五十トンに及ぶ米が見つかった。

それはここで収穫された米以外には考えられない大量の米だった。

ここは湿地帯で、人々は湿地に幾本もの柱を打ち込み、高床式の住居で暮らしていたと想定された。

コメのほかに釣り針や漁具も多く見つかった。この地の人々は稲作と漁労の二本柱で暮らしていたと推定された。

漁労は筏や刳舟《くりぶね》を操って、かなり遠方まで出かけていた。

海が荒れ、しばしば対馬や壱岐に流される人もいた。九州にたどり着いた人もいた。

いま、河姆渡のあたりからゴミが対馬海流に乗って九州に到達している。風向きがよい春から夏だと、この流れはさらに加速し、まる一日ほどで着くこともあるという。日本と浙江省や朝鮮半島は、文字どおり一衣帯水の関係だった。

土井ヶ浜遺跡《どいがはまいせき》

稲作の日本渡来を示す遺跡がある。

山口県の土井ヶ浜遺跡である。ここから弥生時代の渡来人の骨が見つかった。

土井ヶ浜遺跡は、山口県下関市豊北町土井ヶ浜にある弥生時代前期から中期の墓地遺跡である。

「戦士の墓」あるいは「英雄の墓」などと呼ばれる。それは腰のあたりに十五本もの石鏃が射ち込まれた戦闘員とみられる人骨が見つかったためである。

山口県というと東北人には、すぐ長州藩が脳裡に浮かぶが、縄文、弥生時代の遺跡の宝庫である。

土井ヶ浜遺跡の発見は、昭和五年（一九三〇）にさかのぼる。近くの小学校教諭河野英男が砂丘のなかに六体の人骨が入った石棺を見つけた。

旧制山口高校の小川五郎、京都帝大の三宅宗悦教授らにより研究がすすめられ、土井ヶ浜遺跡と命名された。

これまで三百体を超える弥生人の骨が見つかっているが、埋葬の様子は、砂地を掘り遺体を安置し、砂で覆う簡単なものが大半だが、箱式石棺や石囲い、四隅や頭や足元などに配石するなどもあった。

土井ヶ浜人は、頭が丸く、顔は面長で扁平であり、四肢骨は長く、男性の平均身長は縄文人より高く、朝鮮半島からの渡来者と、土着の縄文人との混血ではないかと推察された。

そしてみな一様に同じ方向を向いていた。その視線の先にあるのは彼らの故郷、中国大陸だった。その情念は現代人と何も変わることはない。

シャーマン

さらに注目されるのは鳥の骨を抱いた壮年の女性の人骨の存在である。弥生時代の人々は、鳥を神の国と人の世を仲立ちする使者と考えていたといわれる。この女性は特別な霊的能力を持った女性シャーマンに違いなかった。

ここの人々の生活は全般に質素だった。副葬品はほとんどなかった。人々は命からがら、着のみ着のままでやってきて、何らかの事情で、到着早々、紛争に巻き込まれ命を落としたのかもしれなかった。

人間は新たな挑戦を重ねながら次の時代を切り開いてきたのである。

新しい渡来人たちの手によって、日本列島は一万年にわたって続いた縄文時代から新たな弥生時代を迎えることになる。

現在、ここは「土井ヶ浜弥生パーク」として整備され、「土井ヶ浜遺跡・人類学ミュージアム」が造られており、わが国有数の弥生式時代の研究センターになっている。

対馬の弥生時代は浅茅湾や三根湾に遺跡が見つかっている。三根湾は朝鮮半島の南端に近く、鉄製武器が発見されている。

この時期から対馬の海人は朝鮮半島に進出を始めている。

新羅を襲撃

『新羅本紀』には次のようにあった。

弥生時代後期、年は紀元後、西暦である。

一四年

倭人が兵船百隻を繰り出して、海辺ニ民家を略奪した。

一二一年

夏八月、倭人が東辺を侵した。

一二二年

夏四月。強風が吹いた。都人が倭人襲来と流言を飛ばし、山や谷に逃げ込んだ。

一二三年

春、倭国と和を講じた。

一七三年
夏五月、倭国の女王卑弥呼が使者を遣わして礼物を献じた。
二四二年
夏四月、倭人がにわかに攻めてきて、金城を包囲した。王が出陣して戦い、賊一千余を殺したり捕えたりした。

倭の攻撃は年々大規模になり、紀元四六二年には活開城を襲撃し、一千人を連れ去ったとあった。対馬人も弥生時代から船団を組んで新羅に遠征し、食糧や富、労働力、子孫を残すために婦女子も連れ去った。

朝鮮半島の人々は、倭寇と呼んで恐れた。

ただし倭国は日本だけではなく、内モンゴル周辺や南方にも倭族がいたとされる。東シナ海、南シナ海は倭寇にとり内海であり、そこから中国大陸、東南アジアにつながっていた。その構成員は段々、広がりを見せ対馬、壱岐、北九州、さらには済州島などの朝鮮民族も加わるようになった。船も大型化し、多民族が加わった海賊集団が形成された。

第四章　邪馬台国

女王卑弥呼

やがて日本は独自の言葉と文字を持ち、女王卑弥呼《ひみこ》を抱く邪馬台国《やまたいこく》を誕生させる。中国は当時の日本を倭と呼んでおり、中国の史書『後漢書』には、

「倭は韓《かん》の東南大海の中に在り、倭人は山島に依りて居《すまい》を為《つく》り、凡《およ》そ百余国あり」

とあった。

建武中元二年（五七）、倭国の使者が貢ぎ物を奉げて後漢の光武帝のもとに挨拶にきた。安帝の永初元年（一〇七）、倭国王の帥升らは奴隷百六十人を献上して、皇帝の謁見を願ってきた。桓帝、霊帝の頃（一四六〜一八九）に、倭国の国内は混乱し、各国が互いに攻め合って、何年もの間統一した君主がなかった。

そのとき、一人の女子がいて、名前を卑弥呼といった。成長しても結婚せず、神がかりになって託宣し、巫女として振舞い、人々を惑わしていた。互いに戦っていた倭国の人々は、ともに卑弥呼を立てて王とした。

卑弥呼の王宮には、侍女が千人もかしずいており、卑弥呼の姿を直接見たものは少ない。ただ一人の男子が食事の世話をし、卑弥呼の言葉を伝えているなどの記述もあった。

卑弥呼はめったに姿を見せない巫女、シャーマンであった。

理想郷

『後漢書』は講談社学術文庫に訳文がある。それを読むと、邪馬台国は理想郷に見えてくる。気候が温暖で、土地も肥えており、稲・麻・養蚕に適している。倭人は糸をより、布を織ることを知っていて、絹布をつくっている。倭の地からは白珠や音玉を産出し、山には丹土がある。

冬でも夏でも野菜ができる。牛、馬、虎、豹、羊、カササギはいない。

男は、みな顔や身体に入れ墨をしており、その模様の位置や大小で身分の区別をつけている。倭人の男の衣服は、みな布を横にして身体につけ、針や糸を使わずに結び合わせている。

女子は髪を左右に振りわけ、耳の上で曲げて輪に結び、衣服は単衣のうちかけのようで、穴から頭を出して着る。みな丹朱を身体にまぶしているが、これは中国で白粉をつけるようなものである。

家の中では父母兄弟が別々の居室にいるが、集会などの出席には男女の区別はない。

飲み食いするときは、箸を使わず手づかみで食べるが、竹皿や高坏《たかつき》はある。一般にみなはだしで歩き、目上の人に対するときは、蹲踞《そんきょ》の姿勢をとって敬意を示す。

みな酒を好み、長生きの人が多く、百歳以上に達する者が沢山いる。男と女では女の方が多い。そして諸国の有力者はみな妻を四、五人持ち、それ以外の者でも二、三人の妻を持っている。女性はふしだらでなく、やきもちもやかない。

また泥棒がおらず、争いごとも少ない。法を犯した者は、役人がその妻子を取り上げて奴隷にし、罪が重い者は、一族を皆殺しにしてしまう。ともあった。

さらに倭人の社会は驚くほど規律正しく、整然としている。人が死んだときは、遺骸を家のそばに十数日留めておき、家族は哭泣《こっきゅう》の礼を行って酒や食物をとらないが、同族は遺骸の傍で歌舞し、音楽を演奏する。動物の骨を焼いて占い、物事の吉凶を決める。

往来に海を渡るときは、一行の中の一人に髪をすいたり身体を洗ったりさせず、肉を食べず、婦人を近づけたりしないようにさせる。

これを「持衰《じさい》」という。もし、その航海がうまくいけば、褒美として財物を与える。もし、一行の中に病人が出たり、事故に遭ったりすれば、持衰のしかたが足りなかったためだとして、すぐにみなでその者を殺してしまう。

ここに描かれた風俗は、中国や朝鮮よりも、東南アジア、南方系と読み取れる。理想郷のような国であれば、移住を願う人もいたに違いない。やがて中国から渡来人が殺到し邪馬台国は倒壊する。

九州か畿内か

邪馬台国はどこにあったのか。

御存じのように、九州説と畿内説がある。大陸との距離からいって、九州がより現実的に思える。

元来、人間は群れをつくって暮らす生き物である。朝鮮系、中国系、東南アジア系、あるいはモンゴル系、北方民族のブリヤート人などさまざまな集団が日本列島に集まってくると、当然、争いは起こる。勝者と敗者が現れ、部族連合国家が誕生するのは当然の成り行きであったろう。それを治めたのがシャーマンの卑弥呼というのも説得力のある話だった。

原始、古代の社会には科学も法律も倫理、道徳もない。天候異変、飢饉、噴火、洪水、大火災、病気、戦争、さまざまな天変地異の中で人間がどう生きるか。人間が頼るのは、神のお告げであった。シャーマンとして部族同士をつなぐ女王、それが卑弥呼であったろう。かくて異なる集団が一緒になり、統一の言葉をつくり、文字も作り、独自の日本国がつくられた。

国家は領民に税を納めさせ、土地を分配したり、共通の祭祀を営んだり、労働や戦争に駆りだしたりした。それが倭国、のちの日本国になる。

その場合、国王は全体を統率して引っ張る男性でなければならなかった。神武天皇の誕生である。

奇想天外

私は以前、弘前地方に独立王国を築いたというツボケ族の物語に惹かれたことがあった。これは奇想天外ともいうべき建国物語だった。

青森県五所川原市に住む和田喜八郎という人が、自宅改築中に天井裏から落ちてきた古文書に書かれていたという津軽の古代史を描いた大長編物語だった。

地元の青森県北津軽郡市浦村から、『市浦村史　資料編』として刊行され、大きな反響を巻き起こし、その後、北方新社から全七巻の『東日流外三郡誌』が刊行され、私も購入した。

内容がすごく面白い。はるかな氷河時代、陸続きだったユーラシア大陸から津軽に定着した阿蘇部《アソベ》族が住んでおり、彼らは素朴な狩猟生活を営んでいた。

そこへ中国大陸から津保化《ツボケ》が大挙押し掛けて来た。弥生人である。たちまち阿蘇部族を滅ぼして津軽に王国をつくったというのだから「さもありなん」と思ったものだった。

その後、この本は偽書と断定されたが、作者の意欲とエネルギーには、大いに敬意を表したものだった。フィクションとしては、なかなかの力作だった。

百済と同盟

中国の唐と宿敵新羅《しらぎ》が同盟を結び、百済《くだら》に戦いを布告した。

百済が敗れれば、次に狙われるのは倭国である。これは倭国の危機だった。倭国日本は百済に援軍を出すことを決めた。当時の倭国の外交政策は一貫して親百済路線であった。中には親唐、新羅派もいたが、孝徳天皇は押し切って兵を出した。

初の海外出兵である。対馬経由で、倭国日本の兵が続々朝鮮半島に渡った。

天智二年（六六三）、倭国と百済の連合軍と新羅と唐の連合軍の戦闘が始まった。

唐は遊牧民族トルコを占領し、六四四年には高句麗を攻め、第二次、第三次、第四次攻撃を行い、高句麗は壊滅した。新羅はこの間、一貫して唐に加担した。敵は強力であった。戦車、弓、毒矢、鋭く切れる蕃刀、はるかに倭国を上回る戦闘集団だった。

白村江で惨敗

この戦争、「白村江《はくそんこう》の戦い」と呼ばれた。倭国軍も必死に戦ったが、不利だった。唐の記録に、「倭軍と四度戦い、皆克《か》ち、その船四百艘を焚《た》く。焔煙天にみなぎり、海水皆赤し」とあるように、倭国の船団は火炎に包まれて兵員は焼け死に、大惨敗を喫した。その知らせは刻々、対馬にもたらされた。唐の軍団が対馬に攻め寄せれば対馬は防ぎようがなかった。対馬に緊張と恐怖が走った。いずれ近いうちに唐の軍勢が対馬に攻め込むのは必至だった。

対馬の人々は恐怖に包まれた。

倭国は各地の豪族に命じて対馬の防衛拠点として金田城《かなたのき》を築き、初めて国家としての防衛を固めた。私はここに上ろうと入口までたどりついたが、延々と急な斜面が続き断念した。

防人の歌

金田城が完成したのは、天智六年（六六七年）である。城の守りに配置されたのが、東国から集められた防人《さきもり》たちだった。彼らは慣れない対馬で三年もの任務を強いられた。

「万葉集」に、遠い国境の島へ旅立つ際に、今生の別れを詠んだ防人の歌が数多く残されている。そんな防人たちを寂しさや冷たい海風から守ったのが、「温石《おんじゃく》」だった。

石をお湯に入れて温め、綿や布を巻いて首からぶら下げるという、現代でいうカイロのようなもの。「温石」から伝わるやさしい温かさが、防人たちを癒した。

対馬観光物産協会のパンフレットに、当時の兵士が詠んだ歌が掲載されていた。

父母が頭《かしら》掻き撫で
幸《さき》くあれて
言ひし言葉ぞ
忘れかねつる
　　　　丈部稲麻呂

（口語訳）
父と母がわたしの頭を両手で撫でながら
くれぐれも無事で過ごせと言ったことばが
脳裏から離れない。

唐《から》衣《ころも》
裾に取りつき
泣く子らを
置きてそ来ぬや
母《おも》なしにして
　　　　他田舎人大嶋

（口語訳）
旅装の裾に取りすがり、泣く子どもたちを
私は置いてきてしまった。
母親がいないというのに、あの子たちはこれからどうやって暮らしていくのだろうか。

現代人と何も変わらない情が込められている。

朝鮮王朝誕生

戦いに敗れた百済王の扶余豊璋《ふよほうしょう》は高句麗に逃走し、遺臣の多くが日本に亡命、百済は完全に滅亡した。百済の人々は流浪の民に転落した。

この機に新羅が百済と高句麗を統合し、史上はじめて朝鮮王朝が出現する。

九世紀に入ると、東シナ海に新羅の軍船が出没するようになる。『日本後紀』の弘仁三年（八一二）正月の項に、新羅船三艘が対馬沖に現れ、うち一艘が下縣郡佐須浦に侵入した、とある。対馬人は果敢に戦い、敵兵九人を打ち殺し、百余人を捕えた。

寛平六年（八九四）八月九日にも新羅の賊船四十五艘が対馬に来襲した。

防人を主力とする対馬の軍勢は、大いに奮戦し、三百人を射殺した。この中には大将軍三人、副将軍二人が含まれていた。このほか船十一艘も奪い、対馬勢の大勝利に終わった。

生け捕りとなった賢春は、
「新羅は不作が続き、人民は飢えに苦しみ、国は乱れ、王の命令で、穀物を奪わんと攻めて来た」
と白状した。

朝鮮式山城、金田城。国特別史跡。『えとのす』（新日本教育図書）30号より

防人の犠牲も多かったと思われるが、記録にはない。以来、対馬は日本本土防衛の最前線になった。

金田城近くに大木戸神社があり、そこの海辺に苔むした狛犬《こまいぬ》が鎮座し海をにらんでいた。

新羅の来襲をにらんでいたのかも知れない。一見の価値のある狛犬だった。

第五章　蒙古襲来

モンゴル帝国

東アジアに大変革が起こった。チンギス・ハーンが作り上げたモンゴル帝国の出現である。日本は鎌倉幕府の時代になる。モンゴルは六回にわたって高麗を攻め、征服した。モンゴル皇帝はフビライ・ハーンの時代である。

文永四年（一二六七）九月、フビライは対馬に使者を派遣した。対馬守護代がこれを大宰府経由で、鎌倉幕府と朝廷に報告したが、鎌倉幕府はこれを無視した。

国交を結びたいという内容で、武力行使をほのめかしてはいたが、脅迫ではなかった。

文永五年（一二六八）蒙古と高麗の使者が対馬に来て国書の取次を求めた。しかし鎌倉幕府は無視し続けた。対馬の人々は気が気でない。

弥二郎と塔次郎

フビライは怒った。日本攻撃を宣言し、日本に通告せよと使者に命じた。

冬の対馬の海は、時として大荒れになる。

これを見たモンゴルの使者は、日本行を渋ったが、フビライに叱咤され、再び対馬を訪れ、さらに大宰府に向かったが、今度も拒絶された。

使節たちが対馬で弥二郎と塔次郎の二人を拉致して帰った。二人は高麗から蒙古の大都、現在の北京まで送られ、モンゴル帝国を見聞して翌年、対馬に送り届けられた。

二人はモンゴルを理解させるための人質だった。モンゴルはあれこれ日本との友好策を巡らせたが、鎌倉幕府は拒絶し続けた。あとは軍事力の行使しかない。フビライは高麗王に対し、兵一万の動員と軍船一千艘の建造を命じた。

元寇については入門書が数多くあるが、対馬、壱岐に関しては、『改訂対馬島誌』、永留久恵著『対馬国志』、山口麻太郎著『壱岐国史』に記述がある。

文永の役

モンゴル軍の兵力は資料によって様々だが、一般的には元軍二万人、高麗軍六千人、の計二万六千人である。軍は文永十一年（一二七四）十月三日、日本遠征の準備が整い、高麗の合浦《ハッポ》を出発した。現在の馬山《まさん》である。

軍団は諸説があり、高麗軍五千三百から八千、水夫を含む総計二万七千から四万、船は七百艘から九百艘と様々な説がある。

五日の夜明けがきた。

対馬の国府（いまの厳原）の八幡宮に突然おびただしい火焔がもえあがり、あわや焼けうせるかと人々が驚くと、それは幻であった。奇怪な兆に人々は不吉な予感にとらわれた。

対馬の人は、高麗と交流があり、弥二郎と塔次郎もいたので、モンゴル軍の襲来と人々は戦々恐々となった。やがて蒙古の軍船が現われ、人々は恐怖におののいた。

『改訂対馬島誌』には「モンゴル軍は対馬と壱岐で、暴行略奪の限りを尽くした」とあった。

後宇多《ごうだ》天皇文永十一年甲戌《きのえいぬ》、蒙古使、太宰府に到る。大宰府、これを鎌倉に告げる。しかし北条時宗《ほうじょうときむね》、これを追い返した。元は日本を屈従せしめんと蒙古、高麗に命じて日本攻撃の準備をさせた。

大宰府は対馬守護代宗助国《すけくに》を急ぎ、対馬本島に渡らせた。対馬に戻った助国は国府の地頭所に陣を構え、全島に防備を指揮した。

時に十月五日卯の刻、俄に火炎があり八幡宮の仮殿より出火し、人々が怪しみ恐れた。助国は兵八十余騎を従えて佐須浦に急行すると兵船七、八艘で一千余の敵兵が上陸してきた。

助国は衆を励まし、自ら矢を放って戦ったが、多勢に無勢、戦死した。家臣の斎藤資定は勇敢に立ち向かったが、刀が折れ、石を拾って敵と戦い九人を殺した。しかし家来はことごとく戦死した。

敵は火を放って民家を焼き、あちこちで住民が多数惨殺された。捕えられた婦女子は手甲に穴を開けられ、船に繋がれた。

元軍の軍船を日本武士が襲撃する光景。『蒙古襲来絵詞』（国立国会図書館蔵）より

賊船はこのあと壱岐を攻め、守護代平景隆、防戦したが、あえなく落城、自決した。
十六、十七の両日、敵は進んで肥前国松浦郡の沿岸を襲い、十九日には筑前国今津に到着、早良川下流沿岸一帯から上陸して筥崎《はこざき》八幡宮を焼きはらった。

博多攻撃

二十日未明、モンゴル軍は博多湾に入り、各船に積み込んだ艀《はしけ》に分乗して、抵抗を受けることなく、上陸した。浜には敵の侵入を防ぐための逆茂木《さかもぎ》も乱杭《らんぐい》の備えもなく、待ち受ける武士団の姿もなかった。

鎌倉幕府はモンゴルを甘く見ていた。

九州の軍団が慌てて博多湾に結集したが、モンゴル軍の戦法について、何らの予備知識もなかった。

当時の日本では両軍が対峙し、武士が飛び出して姓名を名乗り、これに相手も応じ、一騎打ちで始まるのが常だった。

「なんだあれは」

モンゴル兵はゲラゲラ笑い、なんと馬鹿げた行為かと嘲った。無防備きわまりない行為ではないか。

自分たちを見くびっているとモンゴル軍は戦闘意欲に燃えた。

日本の武将は出て行った瞬間、モンゴル兵に取り囲まれ、馬から引きずり落とされてなぶり殺された。こうして何人もの武士が無駄死にした。松浦党の戦死者はとくに多く、父子四人が殺されたケースもあった。これは鎌倉幕府の危機意識の欠如であり、大失態だった。

モンゴル軍の襲来が予想されていたにもかかわらず、その研究を何もしてこなかった。幕府は、たかをくくっていたのである。

毒矢に苦しむ

武器の差も大きかった。モンゴル兵の放つ矢には、毒が塗ってあり、しかも矢の力が強く、日本の鎧では十分に防げなかった。このため各地で苦戦を強いられた。

肥後国の武士、竹崎季長《たけざきすえなが》の『蒙古襲来絵詞《もうこしゅうらいえことば》』には、びっしりと楯をならべた間隙に歩兵が立って矢を放ち、あるいはてつはう（火薬が仕込まれた鉄球）を投げるさまが描かれている。

この時のモンゴル軍は、農耕民族的な戦法をもっていた。軍の中には、姿形こそモンゴル風であっても、漢民族の人々がかなり含まれていたといわれる。民族的には混成兵団だった。

当日は明け方から日暮れに至る戦だったが、モンゴル軍内部に、意見の不一致があった。天候の悪化が予測されたなど様々な見方があり、将兵は船に戻り、退去したとされる。

そのとき神風がにわかに吹き、賊船は大混乱に陥り、多数の溺死者を出し、船団は諸所に散乱したという説もあるが、これは作り話だった。

神風は後世の演出

文永の役の神風問題に決着をつけたのは気象学者の荒川秀俊である。荒川は福島県白河市の出身、東京大学理学部物理学科を卒業後、中央気象台に入った。多彩な人物で、古文書により気象や災害と歴史的事件の関係を研究し、災害史、気象学史などの分野で業績を残した。

荒川は当時の気象状況を調査し、

「軍は軍議によって冬の季節風が強くならないうちに自発的に撤収した。撤収は奇跡的と言えるほどうまくいった。日本軍はこの行動にびっくりした」

と『日本歴史』百二十号（吉川弘文館・一九五八年）に発表した。

神風説は神国を演出した後世の史家のフィクションだった。

四年後、再びモンゴル軍が攻めてくる。弘安《こうあん》の役である。

捕虜は献上品

この時代の戦争では、女性は戦利品として扱われた。

捕えられた女性は将兵の私有物になり、モンゴル王侯や将兵に配分された。元軍総司令官の忽敦《クドウン》は捕虜とした日本人の子供男女二百人を高麗国王やフビライの一族に献上した。このため対馬の女性たちには海に飛び込んだり、崖から身を投げて自殺した人も多かった。

対馬から女性の姿が消え、対馬は最大の危機を迎えた。倭寇を編成して女性の奪還作戦を行おうにも、相手があまりにも強大で踏み切れなかった。

弘安の役

文永八年（一二七一）モンゴルは国号を元《げん》と改めた。

弘安四年（一二八一）五月三日、元と高麗の連合軍三万人が九百艘の船団に乗り組んで日本に向かった。元軍二万、高麗軍一万の軍勢である。これに加え水夫、農夫など一万が加わり、総勢四万の軍勢だった。元と高麗軍は日本に居住するための鋤、鍬も積んだ。

軍団は元の南宋軍、別名江南軍と高麗軍の東路軍に分かれていた。十月五日、東路軍が対馬沖の佐須浦に姿を現した。

領民は深山に逃げたが、赤子の泣き声を聞き敵が押し寄せたため赤子を殺して逃げた者もいた。親はいつまでも生きてはいないのに、子を殺す親がどこにいるのか、と人々は悲嘆にくれた。

『壹岐國史』は、

「元寇に荒らされた郷土の村々は、家が荒らされ、焼かれ、人々は殺され、家畜の鳴く声もない。わずかに生き残った人々は数えるほどもいない。あそこに一人、ここに二人、神々の加護によって難を逃れた人が、うつろな姿で、手のつけようもない村の中に姿をとどめている」

と悲惨な状況を伝えている。

雪辱戦

幕府は、博多湾岸に防壁を築き、九州武士を配備し待ち構えた。対馬からは刻々、情報が入った。六月六日、元の船団が博多に近い志賀島に姿を現した。前回の雪辱戦である。日本軍は積極戦で臨み、小舟で船団に攻撃を仕掛け、船に火を放つなど必死に戦った。

これに対して、元軍は船を鎖で結んで防御し、押し寄せてくる日本兵を強力な石弓で攻撃した。装備の面では元軍に一日の長があったが、元軍に疫病が発生、深刻な事態になりつつあった。鎌倉幕府にとってこれは幸運なことだった。

このころ軍隊にとって最大の問題は疫病だった。水や食べ物があわないこともあった。長門では日本軍が上陸してきた元兵を撃退、壱岐に追いやる戦果を挙げた。これを薩摩、肥前、筑前の武将が船団を組んで追いつめ、壱岐で元軍を破る大戦果を挙げた。

国土防衛とあって日本軍の士気は高かった。

今度は神風が吹いた

蒙古襲来に終止符をうったのは台風である。

七月三十日夜から翌閏七月一日（中国の暦では八月一日）、平戸や鷹島《たかしま》付近を猛烈な台風が襲った。このため元の大軍は壊滅的な打撃を受ける。佐伯弘次『モンゴル襲来の衝撃』（中央公論新社）によると、元軍は十万人のうち六、七万人を失ったという。

高麗軍は兵士・乗組員合わせて二万六千人であり、七千人以上が帰還しなかったとある。このなかに高麗軍に加わった対馬や壱岐の人もかなり含まれていた。なかには自ら参戦した人、拉致同様に参戦させられた人、両方がいたであろう。

台風が通り過ぎると、閏七月五日から日本軍は生き残った元軍に攻撃を加えた。残敵掃討戦である。兵士たちは海に出て逃れんとする元の大船を追撃し、敵船に乗り移って戦った。日本軍も勇猛だった。船が海に沈んだので、捕虜の数が数万に達した。敵の兵士は博多沖の八角島に集められ、漢人はことごとく殺され、唐人（旧南宋人）は奴隷にした。

鷹島供養の浜

台風の時、彼らはどうしていたのか。

風が吹き出すと船団は鷹島の南側の海域に避難した。ここは九州本土との間の内海である。東西五キロ、南北十三キロの小島で、人も住んでいた。

元軍は島人を殺害し、塁を築いて防備を固めた。しかし風が次第に強くなり、船が横転し、収拾がつかない状態に陥った。そこで頑丈な船を選び、兵卒を船から無理矢理下ろし、外洋に逃れた。島では岸壁に打ち付けられ、船団が全滅する。外洋の方がまだ安全という考えがあった。

日本軍は鷹島を奪還し、取り残された俘虜の首を刎ねた。

鷹島には首除《くびのき》、首崎、血崎、血浦、刀の元、胴代、死浦、地獄谷、遠矢の原、前生死岩、後生死岩、供養の元、伊野利（祈り）の浜などの地名が残っている。

水中考古学

昨今、長崎県松浦市鷹島町では元の軍船を巡って水中考古学の調査が行われ、様々な遺物が引き上げられている。松浦市立鷹島歴史民俗資料館や鷹島埋蔵文化財センターに保存されている。

水中調査は昭和五十六年七月から始められ、数多くの元寇遺物が発見された。多いのは陶磁器。中国産の白磁、青磁の碗や皿、壺、甕《かめ》、天目茶碗、高麗産の青磁碗や壺もあった。細長い中国産の壺も引き揚げられた。水や茶、火薬などが入れられていたと考えられている。また「王百戸《おうひゃくこ》」と墨書された中国産の磁碗もあった。百戸は元軍の百人程度の軍団やその長を表す。

鉄の刀や石弾などの武器も見つかっている。石弾は「回々砲《かいかいほう》」と呼ばれた投石機の弾丸である。回々砲は、モンゴル軍が南宋・襄陽《じょうよう》の樊《はん》城を攻撃したとき、わざわざイル・ハン国から技術者を招いて作らせた代物と言われている。こうした強力な新兵器を積み込んでいたことで、フビライの並々ならぬ日本征服の意志を感じることができた。

また直径約十四センチの丸い陶製の武器が発見された。これには約四センチの穴があいており、中が空洞になっていたものと鉄片がぎっしりと詰められたものがあった。

空洞の部分には火薬が詰められていたと考えられた。これは鉄砲だった。

水深二十～二十二メートルの海底で元船の碇《いかり》が確認された。大きいものは全長三メートルもあった。これは中国福建省泉州付近の花崗岩が使用されていた。このほか、船の側板やマストの台座、竜骨の一部、手すりなど元軍船の一部が発見された。

『倭寇絵巻』に描かれた明軍と倭寇の水上戦

碇や船材の大きさから、四十メートルを超す巨大な戦艦と推定された。こうした成果は従来の文献史料ではほとんどわからなかったことだった。

倭寇の逆襲

元寇の襲撃で再三、戦場となった対馬が疲弊した島を回復させる道は、倭寇しかなかった。

拉致された女性の奪還もあった。最初は百艘ほどの船団だったが、ついには四百艘の大船団を組み朝鮮半島を襲撃した。狙うのは食糧、穀物輸送、穀物倉庫で、これを徹底的に襲い、すべて収奪した。

倭寇に加担する高麗人や済州島の人々も現れ、多国籍の軍団が編成され、暴れまわった。なかには高麗人、中国人だけの倭寇もいた。彼らは日本人になりすまし、略奪を働いた。

一度に多くの略奪を狙うため倭寇は次第に凶暴になり、武力集団化していった。抵抗するものは皆殺しにする集団も現れ、朝鮮半島の海沿いでは住民は逃亡、無人の村も増えた。

やがて倭寇には騎馬七百、兵二千の大軍団まで現れ、高麗の正規軍と戦火を交えるほどになった。

高麗軍は火砲を備え対抗、康応六年（一三八九）春には、兵船百艘で対馬攻撃を敢行、倭船三百艘を焼いたと朝鮮側の記録にある。その一方で、高麗では倭寇との同化政策を進め、倭寇へ投降を勧め、田畑を与え、妻を娶らせた。その人数は数百人に及んだといわれ、彼らは投化倭人と呼ばれた。

貿易を認め、対馬だけでなく大内、島津、松浦党など九州各地の豪族と関係を結んだ。虎皮、豹皮、麻布、ニンジン、米、豆、酒、銀製品などが日本に輸入され、日朝関係は新たな段階に入った。

深い影

相次ぐ戦乱は対馬の人々に深い影を落とした。応永二十五年（一四一八）島主宗貞茂が没すると、船越の早田左衛門太郎が島内の実権を握った。それからも朝鮮との間で激しい抗争が続き、倭寇に報復せんと応永二十六年六月、朝鮮から二百二十七艘、一万七千人の大軍が浅茅湾に上陸した。

一時は対馬を占領する勢いだったが、対馬の兵が必死に反撃し、天候の異変もあって朝鮮の兵が撤退したので、対馬は難を逃れた。この戦争、応永の外寇と呼ばれている。

室町幕府は、朝鮮に使者を送り、和平を模索したが、その返礼に朝鮮から宋希璟《そうきけい》が来日した。宋希璟は『老松堂日本行録』を残している。

一行は一月十五日、釜山を発し、翌日、対馬の鰐浦《わにうら》に入った。

「順風、快渡、上下皆喜ぶ」

とあった。翌日、西泊に向かおうとすると怒濤の荒波で、人は皆、「恐怖、喪神」した。やっと西泊に入ると不思議な出来事があった。

小舟で魚を釣る日本人がやって来た。見ると、舟のなかに一人の僧がいて、宋希璟の前にひざまずき、

「食べ物を恵んでください」

と哀願した。

宋希璟が食を与えて問うと、その僧は、

「自分は中国の江南の台州小旗の人間で、二年前倭寇にとらえられて日本にやって来た。髪の毛を剃られて奴隷にされ、辛苦《しんく》にたえません。どうかいっしょに連れていって下さい」

と言って泣いた。すると主人の日本人が、

「米をくれるならこの僧を売ってもよい」

と宋希璟に言った。

「お前はこの島にやって来て、何というところに住んでいるのか」

と尋ねると、僧は、

「私は転売され、この人に随って二年になる。このように海に浮かんで生活しているので、地名を知りません」

と返答した。その後この中国人がどうなったかは、本に記されていない。

また、宋希璟が崖の上を望むと屋敷があった。

同行の尹仁輔に尋ねると、「尼舎」（尼寺）と答えた。そこで尼に会いに行くと、尼は尹仁輔の知り

合いだった。

尼は尹仁輔を見て、

「今、官人について来たのはどうしてですか」

と聞いた。尹仁輔が、

「日本国王からの使節に対する返礼のためである」

と答えると、尼は喜んで、

「それでは太平の使い（平和な使節）ですね。私は助かった」

と言った。このほか、西泊には僧侶のいない「空寺」があった。

地元の人の言によると、この寺の住職が去年朝鮮に行って虜《とらわれ》となり、帰って来ないためだった。

このように、応永の外寇は、上対馬の人々にも直接に影響を及ぼし、民衆の心の中に深く影を落としていた（『上対馬町史』）。

倭寇と水賊

文明四年（一四七二）年、対馬島主宗貞国が朝鮮政府に宛てた外交文書の一節に、

「船で生活している民は、数十年も帰らないものがいる。これは責任をとれない」とあった。

永正七年（一五一〇）三浦の乱が起こった。

朝鮮と対馬の海人が蜂起し、朝鮮沿岸を襲った。この時は朝鮮軍に鎮圧され、皆対馬に逃げ帰った。

顔は黒く、髪は黄色、弓を使い、腰には剣を着用し、海底に潜って敵船の底に穴をあけて沈めた。

倭寇には朝鮮人、済州島の漁師も混在しており、朝鮮政府は水賊と呼んで区別した。対馬海峡は多民族が集団を組んで荒らしまわっていた。この時代、国境という概念も明確ではなかった（『東シナ海と西海文化』網野善彦ほか編、小学館）。

中世の海域社会とそれが明確になるのは朝鮮の役である。

第六章　朝鮮の役

明を攻撃

蒙古襲来は元と高麗軍が日本に攻め入った戦争だが、その逆の戦争が朝鮮の役である。

主人公は豊臣秀吉である。

織田信長の後を継ぎ日本統一を成し遂げた秀吉が晩年考えたこと、それは東アジアの征服だった。

太閤秀吉は「三国地図扇面」という扇を使っていた。扇には日本と朝鮮、明国《みんこく》が描かれており、

「朝鮮、明国もわがものにいたす」

と口癖のように語っていた。中国はめまぐるしく国が変わる。元が滅んで今度は明である。

秀吉が関白に就任したのは、天正十三年（一五八五）である。天下を取ってみたものの日本列島には家臣たちに配分する土地はなかった。そこで朝鮮出兵を考え、側近に朝鮮と明国の征服を漏らした。

「まことに素晴らしきことにございます」

石田三成が余計なことを言った。

秀吉の最終的な狙いは大国明の占領である。

「モンゴル襲来の報復じゃ」

秀吉はつぶやき、渡海に必要な弾薬や食糧を補給する基地を対馬に決めた。

秀吉は早速、対馬島主宗義調《よししげ》を呼び、その旨を申し渡した。

「ははあ」

義調はひれ伏したが、内心とんでもない話だと驚愕した。

朝鮮だけではなく、明国まで攻め込むなどあり得る話ではない。あいた口がふさがらなかった。

元寇で大いに痛めつけられたが、倭寇で報復し、その後は友好関係にある。対馬と朝鮮半島は切っても切れない関係にあるのだ。

誇大妄想

秀吉の考えは「誇大妄想《こだいもうそう》以外、何ものにもあらず」、義調は身震いした。

対馬は混乱と不安の渦に包まれた。

対馬は漁業と製塩以外になすべきことがない島である。朝鮮と国交を断たれたら生存が困難だった。

宗氏は代々、朝鮮国王から島主としての権利を認められており、この時期、日本の貿易商人の船は、朝鮮の指定した熊川、釜山、蔚山の三浦の町に入ることが許され、この三つの町に定住する日本人の数は三千人を越すようになっていた。

宗氏はこの地に代官を派遣し、彼等から税金を取り立ててきた。

日本は年間、二十五隻の船を出すことが認められており、昨今、三十隻に増えたばかりである。貿易は順調に伸びているのだ。

日朝関係をまったく無視した秀吉の朝鮮攻めである。義調の周章狼狽は当然であった。

秀吉の朝鮮に対する認識は、毛利や島津を相手にしたときと同程度のものであった。

今まで実現性のないものと、たかをくくっていた大陸侵攻の計画が、こうして具体性をもった時、家臣団も大いに慌てた。堺と博多の商人たちにも、不安がひろがった。

博多は東南アジア貿易の中心であり、朝鮮を経て染料、香料、薬材、銅、錫などが送られていたからである。博多には大勢の朝鮮人も住んでおり、日本に帰化した者もいた。

朝鮮を敵にすることは貿易商にとって死活問題である。義調のもとにそうした声が寄せられた。

秀吉の狙い

一体、秀吉の狙いは何だったのか。

大陸侵攻の野望なのか。たんなる征服欲なのか。それとも屈服させた日本の領主たちの力をこの侵略で消耗させ、豊臣家の安泰をはかろうとしたのか。

あるいは貿易上の利益を狙ったのか。義調には見当がつかなかった。

とにかく秀吉の海外認識があまりも甘く、その計画は、どこから見ても幼稚だった。

秀吉配下の武将たちも外国事情にはきわめてうとい。

「困った」

義調は頭を抱えた。秀吉の行動はまったく無謀極まりない行為だった。当の秀吉は、馬耳東風。聞く耳持たずだった。秀吉が描く大陸征服構想は、奇想天外なもので、成功はありえなかった。

天竺まで占領

だが秀吉は本気だった。

明国を占領した暁には後陽成《ごようぜい》天皇を北京に移し、日本の天皇には良仁親王か智仁親王を据え、関白豊臣秀次に中国の関白、朝鮮の関白は羽柴秀勝か宇喜多秀家《うきたひでいえ》に与えるというものだった。

「うふふふ」

一人、秀吉は笑みをこぼした。

それだけではない。朝鮮国王は人質にし、日本に移住させ、替わって秀吉が北京に入り、次いで南シナ海の寧波《にんぽう》に城を築き、進んで天竺《てんじく》（インド）まで征服すると豪語していた。

並み居る重臣たちはあきれながらも、

「それでこそ太閤殿下でござる」

「チンギス・ハーンの再来でございましょう」

などと褒めたたえるので、すっかりその気になっていた。

下手をすれば日本が滅びる。義調は頭を抱えた。

義調死す

天正十五年（一五八七）六月、義調は筑前に出向き、初めて秀吉に謁見した。

薩摩の島津義久を降伏させ、いまや全国平定をほぼ成し遂げた秀吉である。

「そなたには従来通り対馬を領治させる。今回、先鋒として朝鮮征伐に向かうべし」

「ははあ」

義調はひれ伏して秀吉の命令を聞いた。

冷や汗が全身に流れた。逆らえば対馬島主を一言で外される。しかし、ここが正念場である。義調は流れる汗を拭きながら、

「朝鮮は日本の友好国でございます。朝鮮は小国で兵力も弱く、征服はたやすいでしょう。しかし、その背後には明が控えております。それ故、朝鮮を討つにはまず明国を服従させる準備が必要かと存じます。朝鮮王が太閤殿下に礼を尽くし、入朝するよう拙者が取りはからいまするにつき、暫く征伐はご猶予下されませ」

と必死の思いで申し述べた。秀吉は、しばし黙ってうなずいていたが、

「ならばそちに任せよう」

と余裕のあるところを見せた。

義調は早速、対馬に戻り、部下の柚谷《ゆたに》康弘を朝鮮に派遣し、「降伏せよ」と伝えた。予期されたことだが、朝鮮は話のほかと拒否した。義調は秀吉にどう伝えるか、ためらった。

翌天正十六年、しびれを切らした秀吉は義調に対し、

「朝鮮がわしの命を聞かねば、直ちに軍隊を出発させると伝えよ」

と厳しい表情で命じた。

驚いた義調は康弘に再度交渉させたが、朝鮮は武力をちらつかせる無礼をなじり、再び拒否した。

義調は心労のあまり倒れた。うわ言を言い続け、重体に陥り、五十七歳でこの世を去った。宗家は若干二十一歳、養子の義智《よしとし》に一任された。対馬に暗雲がただよった。

朝鮮通信使

天正十七年（一五八九）の春、義智は大坂城に出向いて秀吉に謁見した。

「どうなっておるのじゃ」

秀吉は朝鮮がまだ服従しないのに業を煮やし、小西行長《こにしゆきなが》と加藤清正《かとうきよまさ》に命じて、筑紫の兵を朝鮮に向かわせようとしていた。

義智は朝鮮に渡って国王を説得することを誓い、出兵の猶予を秀吉に願い出た。

「しからば、そちに一度だけ猶予を与えよう。朝鮮が日本に帰属するのであれば、それはそれでよいことだ」

秀吉はこれを許した。朝鮮が日本に帰属するなど無理だと思いつつも義智は、博多聖福寺の僧玄蘇を伴って、漢城府に向い、朝鮮国王に、日本に来朝するよう説得した。

「ばかにするな」

朝鮮国王は一蹴した。

義智は最後の手段として、国王の代わりに朝鮮通信使を対馬に派遣してもらいたいと頼んだ。

このころ朝鮮国内に叛乱があり、十人余が対馬に逃れていた。この叛民たちを朝鮮に送還してくれれば、通信使を派遣してもよいという返答が朝鮮側からあった。

義智は取引に応じ、叛乱者を朝鮮に送還した。朝鮮政府は約束を守った義智に感謝して馬一頭を贈り、義智のために殿内で招宴を開き、通信使三人を日本に派遣すると約束した。

秀吉に謁見

秀吉は天正十八年十一月七日、聚楽第で朝鮮通信使の一行を謁見した。

義智は平和的な友好関係の確立を望んだが、結果は最悪だった。秀吉は朝鮮通信使に露骨に降服を迫った。朝鮮通信使は秀吉の冷たい表情に、心が凍る思いだった。

「秀吉、容貌が卑しげで、顔色は黒っぽく、無表情で、眼光鋭く、人を射るようだった。すぐ宴席を起ち、幼児を抱いて出てきた。皆ひれ伏すのみだった。傍若無人な人物だった」

と朝鮮通信使は記した。

義智は、この年再び釜山に渡り、秀吉の勧告に従わなければ、朝鮮は兵禍を免れることはできないと説得した。しかし、朝鮮は一笑に付した。

義智はこのとき、二十四歳。小西行長の娘を娶り、キリスト教を信仰した。

もはや戦争しかなかった。

義智出兵

肥前名護屋、壱岐勝本、および対馬の国府の清水山に防塁を完成させた秀吉は、文禄元年（一五九二）三月、第一次の朝鮮征討軍を渡海させた。文禄《ぶんろく》の役である。

義智は岳父の小西行長とともに将兵二千余人を率いて海を渡った。対馬の男たちも大勢海を渡った。各軍団には対馬の兵士が通訳として配属された。義智が仕える小西行長も苦悩の武将だった。

行長は堺の商人の家に生まれた。

堺の商人は武力集団も抱えており、堺を自衛する機能すらもっていた。時には倭寇と同じように武装して海を渡ることもあった。取引先は琉球、中国。そこから絹や陶磁器、書画、書籍、砂糖、薬品、象牙、あらゆるものが運び込まれた。貿易商人にとって戦争は好ましいものではなかった。しかも行長はクリスチャンであった。

そうした環境に育った行長が、なぜ武将になったのか。行長にはこれといった伝記がない。

遠藤周作

小西行長唯一の伝記は、遠藤周作の『鉄の首枷』（中公文庫）である。この文庫に、私の恩師、歴史家の豊田《とよだ》武《たけし》先生が解説を書かれており、そこには冒頭、このようにあった。

「豊臣政権をめぐる武人のなかで、小西行長ほど異彩に富み、また謎に包まれた人物は少ない。それは彼が武将としてあまり例にない町人出身であり、キリシタンの信者であったからである。また彼が敗戦の将であり、かつまたキリシタンの信者であった故に、彼の生涯を語る史料は、ほとんど抹殺されて残っていない。彼が朝鮮出兵の際にとった行動にしても、不可解な点が多く、それをどのように解釈してよいか、議論がわかれている」

このような人物が義智の岳父だった。

豊田先生は吉川英治とも昵懇の関係にあり、またアメリカのスタンフォード大学大学院で日本の中世史を論じたこともあり、先生の幅広いご活躍は驚きだった。

釜山攻撃

行長はできるだけ朝鮮とは戦うまいという考えだった。釜山に入港したのは、天正二十年四月十二日である。兵船七百余隻、義智は釜山当局の「仮途入明」と伝えた。

明国攻撃に向かう途中であるという意味である。

『釜山鎮殉節図』より、釜山を襲撃する日本軍

「それは認められない」

と朝鮮側は拒否した。これは計算の内である。

「ならば朝鮮を攻撃する」

秀吉は先鋒部隊に出撃を命じた。

日本軍はたちまち釜山を占領、首都漢城（現ソウル）も陥落させた。破竹の勢いといってよかった。

撫で斬り

『朝鮮王朝実録』には、ほぼこうあった。

「朝鮮が長年続いた平和によって戦争に対する備えがほとんどなかったのに比べて、日本は長い戦国時代を通じて練磨した兵法、武術、築城術、海運術などを整え、西洋から伝わった新兵器の火縄銃を大量に生産し、戦争の準備に全力をあげていた。

二十万の大軍の侵入を受けた朝鮮は侵攻を受けて二十日後に、漢城を明渡し、六月に平壌を渡し、ほぼ全地域を日本軍に取られてしまった」

これが戦争の実態だった。

行長と義智の軍団は、戦闘にためらいがちだったが、おなじ先鋒部隊の清正は勇猛果敢、普州城の戦いでは並みいる朝鮮軍を殲滅《せんめつ》、数万の民衆も撫で斬りにした。士気も旺盛だった。

慶長の役

秀吉は慶長二年（一五九七）正月、再び朝鮮征討軍を起こした。今度は明軍が加わり、ゲリラ部隊も活発に動き、日本軍は苦戦に追い込まれた。

この時期に、宣教師のルイス・フロイスが朝鮮を視察している。義智と岳父行長は、ともにクリスチャンである。行長はアゴスティーニュ、義智はダリオを名乗った。

義智はフロイスと熊浦城で会い、隠すことなく苦戦の現況を伝えた。

「わが軍の兵は飢餓、寒気、疾病、その他、日本では想像もつかない辛苦に耐えて戦っている。太閤殿下は当地へ食糧を輸送してはいるが、こちらに着くのはごくわずかであり、全軍を養うにはほど遠いのが実情である」

と語り、さらに次のように語った。

「日本からの援軍は途絶えがちで、ここ二カ月あまり、船舶は姿を見せていない。和平協定は進捗せず、その締結の任に当る人も来ていない。明側は艦隊と陸路軍隊が到着する夏まで、日本軍をこうして朝鮮に引き留めておこうとしている」

義智の観察は正確だった。

明軍は日本軍を釘づけにして疲労させ、夏に大攻勢をかける作戦を練っていた。

民衆の憎悪

朝鮮の民衆の日本に対する憎悪も頂点に達していた。十万を超える同胞を殺され、婦女子が拉致された。婦女子は秀吉のもとに連れていかれ、容姿の美しい者は、城にとどめられたと伝えられ、男たちは悔し涙を流していた。フロイスは『日本史』に、

「関白は極度に淫蕩で悪徳に汚れ、獣欲に耽溺しており、二百人以上の女を宮殿の奥深くに囲ったが、さらに都と堺の町人と役人の未婚の娘及び未亡人をすべて連行してくるよう命じた。そして容姿の美しいものはほとんど残らず関白のもとに連行された」

と記述した。

この表現には異論もある。いくらなんでも、二百人もの女性を囲ってどうしようというのか。宣教師の中には「フロイスの見方は一方的」という批判もあり、真実は掴みにくいが、秀吉が常軌を逸していたことは事実だった。

一方、朝鮮も疲弊し、国民の間に休戦を望む声が強まった。それは日本も朝鮮も同じだった。

荒廃する領地

日本国内でも停戦を望む声が広がっていた。国元の荒廃がひどくなっていたからである。

遠国常陸《ひたち》から三千人の佐竹軍がくたびれ果てて名護屋に到着したのは文禄元年（一五九二）四月二十二日であった。その中の一人の侍が、朝鮮に渡れば帰国できないと思い、郷里に手紙を書き送った。

「高麗の城を二、三、攻め取ったそうだ。生捕《いけどり》の男女が日々、送られてきている。首を積んだ船も到着している」

また、磔も見た。火あぶりも見た。みせしめのための公開処刑である。

「高麗に渡れば、二度と帰れない」

という噂も広がり、佐竹軍からついに脱走者が出た。小者《こもの》と人夫である。行方は分からなかった。

上対馬も荒廃

朝鮮との通交の島であった対馬は、一転して出兵の兵站基地となった。府中には清水山城が築かれ、上対馬でも、大浦の撃方山には城が築かれた。

出港地であった大浦や鰐浦には、諸大名の蔵が置かれ、物資が集められた。朝鮮に向かう軍勢が続々と上陸し上対馬は大混乱におちいった。

混乱防止のため、西国の大名毛利友重（高政）は「竹を切ってはならない。浦々で網をひき、とれた魚を無理やり買ってはならない。女を捕ってはならない、馬を借りてはならない、押し売り、押し買いをしてはならない、犬、猫、鶏を捕ってはならない。大工道具を盗ってはならない」と布告した。島内には重い課役がかけられ、舟や人の調達がなされて、武士をはじめ多くの人々が従軍した。対馬残酷物語である。

朝鮮への渡航口であった上対馬は、一旦、両国の間に戦争が起こると、兵站基地に転化せざるを得ない宿命をもっていた。しかし、その戦争が対馬にもたらしたものは、両国の交渉の断絶と郷土の荒廃しかなかった。

停戦交渉

行長が動いたのはこのときである。

このままずるずる朝鮮にとどまって、明が大軍を送って来れば、もう太刀打ちはできない。補給は停滞し、食糧も満足には届かない。朝鮮国境に百万の明国兵が向かっているという噂も聞いた。食糧や防寒具が底をついた日本軍にとって、停戦は緊急の課題だった。

平壌の最前線基地にいた行長は、朝鮮側の高官に接触した。

行長は大同江以南を日本領にすることで、停戦を呼びかけた。意外にも朝鮮側はこれを了承し、朝鮮軍との間に五十日の休戦協定を結ぶことに成功した。しかし、これは朝鮮軍の謀略だった。

この間に四万三千の明軍は射石砲で威嚇射撃をしながら平壌の城に迫った。

行長の軍は一万五千に過ぎない。万雷の如く砲音が響き、吶喊《とっかん》の声が山野にこだました。

行長は惨敗を覚悟した。ここで死ぬしかない。決死の戦いを繰り広げ、同時に明軍の高官に明国を侵略する意思は全くないことを外交交渉で伝えた。

しばらくして異変が起こった。

明軍の撤退である。明国はこの戦争に深入りすることを望まなかった。

朝鮮軍の軍事力は、まだまだ脆弱であり、これ以上、朝鮮に加担するのは明に負担が重すぎるという理由だった。行長ならではの交渉の成果だった。

行長は秀吉に対して有利な条件で講和したと事実とは異なる報告をして納得させた。

武将たちも朝鮮との戦争はこりごりだった。

秀吉が病に臥したと聞いたとき、武将たちは安堵の胸をなでおろした。

暴君秀吉の死

慶長三年八月十八日、秀吉は伏見城で病死した。天下人も病《やまい》には勝てなかった。

前後七年にわたった文禄、慶長の両役で首級千以上を得た対馬の兵十四人に対し、義智は蛇の目の紋を染め出した黒旗の指物を与えたというが、この数字は疑問である。

また秀吉が義智に朝鮮の唐島（巨済島）を領地として与えたのは空手形だった。

プラスの部分もあった。

それまでおろそかにされていた国防への関心が高まり、他民族との葛藤を通じて、愛国心が鼓吹されることにもなった。また、兵制を再編して武器の改良に着手し、兵術を改革した。

朝鮮では訓練部監を設置して、武芸を調練するようになり、地方にも予備軍を編成し、教官を派遣して、武術を教えた。

武器の改良も進んだ。従来の主な武器である弓、槍、剣、銃筒、火箭などの他に、飛撃震天雷（爆弾）、火車が発明され、鉄砲の実戦配備も進んだ。

一方、日本も戦乱によって多くの変化を経験した。長い間の無理な戦争で民衆生活は疲弊し、封建諸侯の力が急激に弱まり、徳川が秀吉の残党を退け、江戸幕府が全権を掌握するようになった。

朝鮮から連行した陶工たちの陶磁器製造で陶磁器産業が大きく発展し、略奪していった朝鮮活字の影響で活字技術が飛躍的に発展した。さらに捕虜として連れて来た朝鮮の学者から性理学を学び、新しい指導理念を樹立する基礎とした。

明も大きな変化を経験した。朝鮮の要請で大規模な援軍を派遣した明は、大変な国力を消耗し、このため、国家財政が乱れ、国防面に問題を招いた。

明の国防力弱化は女真族の力を伸張させることになり、結局、女真族が明を滅ぼす原因ともなった。

第七章　朝鮮と国交回復

国書を偽造

徳川時代、対馬の島民が望むのは、朝鮮との国交回復、通商再開だった。豊臣秀吉の朝鮮の役で冷え切った日朝関係を一日も早く秀吉以前に戻すことだった。

対馬藩主宗義智は秀吉が病没するや、いち早く日朝国交回復と貿易の再開を目論み、徳川家康が朝鮮国に謝罪する内容の国書を偽造し、朝鮮と交渉に入った。

これは対馬藩主の命を賭けての決断だった。

というのは義智の岳父、小西行長は石田三成に近く、関ヶ原では西軍に味方した。このため義智も三成についた。西軍は惨敗したため宗家も改易は避けられない状況だったが、朝鮮との交渉に義智は欠かせないという家康の判断で、対馬島主に残ることができた。

費用がかさむということで参勤交代も三年に一度と軽減され、外交の費用分として肥前に二千八百石の加増も受けた。徳川家の恩に報いるためにも日朝の関係修復が急務だった。

裏の裏

国書偽造を家康は知らなかったとされているが、本当だろうか。家康ほどの人間が国書偽造を知らなかったという方が不自然である。

家康が外国通であった。外交顧問のウィリアム・アダムスから世界を学び、貿易の利益を誰よりもよく知っていた。スペインやメキシコだけではなく、シャム、安南、カンボジアなど東南アジアの国々にも親善外交を進め、家康が公布した朱印状は百数十通に達し、派遣した船は三百五十隻を越えていた。

インドネシア、カンボジャ、シャム、ルソン島には日本人町もできていた。しかし明と朝鮮とは冷戦状態にあった。

元和二年四月十七日、家康が駿府で亡くなったとき、家康の手もとに残っている外国産の品物は、白糸類から各種の織物、麝香、人参、丁香、砂糖、葡萄酒、石鹼等々まで当時の金にしておよそ二百万両にのぼっていたとされる。私は家康が関ヶ原での敵対に目をつぶって日朝関係の修復を義智に任せたのではないか、という思いを捨てきれないでいる。

事実、家康は義智に朝鮮修好の任に当たることを命じ、自由裁量を与えていた。幕府でこの問題を担当したのは老中の本田正信と外交僧の西兌《しょうたい》だった。だがこの二人をごまかすことが困難であった。

後年、三代将軍家光の時代に、対馬藩内部の内紛で、幕府に国書の偽造を訴え出たものがいたが、家康はもうこの世にいない。訴えは却下され、朝鮮国も、さほど問題にすることはなかった。

疲弊する朝鮮

当時、朝鮮国は秀吉の朝鮮の役で、国内は疲弊していた。三宅英利著『近世の日本と朝鮮』（講談社学術文庫）によると、食糧がなくなり日本兵の遺体を争って食う光景さえ見られた。土地台帳が焼失したため、租税、労役も不可能となっており、しかも役人の不正が多く、盗賊もはびこった。さらに漢籍や朝鮮本、高麗、李朝の青磁や白磁の逸品、印刷機や活字印版なども日本に持ち出された。

日本におよそ五万人におよぶ男女が連れ去られ、肉親の嘆きが国内に満ち満ち、加えて、救援のため間に入った明軍の略奪、暴行にも手を焼き、朝鮮王朝は倒壊寸前の危機に直面していた。

朝鮮民族が日本を怨嗟する気持ちは強く、対馬の和平交渉は容易ではなかった。それを打開する道は捕虜の返還だった。義智の呼びかけで捕虜三千人の返還を実現させた。

なぜ防げなかったか

当時、朝鮮国内に、なぜ秀吉の朝鮮の役、朝鮮側の呼称では壬辰《じんしん》倭乱《わらん》を防げなかったのかという論議が持ち上がっていた。これは当然のことだった。

対馬経由で再三再四、秀吉政権と友好関係を結ぶべしという申し出があり、拒否すれば武力に訴えるという脅しも受けていた。しかし朝鮮国王宣祖《せんそ》は優柔不断な態度に終始した。日本と積極的に関係を結ぶでもなし、かといって戦闘を覚悟し、戦備を整えるでもなし、明確な態度を示さないままに秀吉の攻撃を受け、あっという間に釜山と漢城を奪われた。

朝鮮国はこの問題をどう総括したのか。

『朝鮮王朝実録』には、

「壬辰倭乱を防げなかったという理由で宣祖は優柔不断な国王と言われている」

としたうえで、

「朝鮮が日本の侵略意図を正確に摑めなかったことは、当時の朝廷の限界をしめしたものだった」

と断じ、一方的に日本を非難するのではなく、日本の真意の把握に手ぬかりがあったことを記述していた。

民衆の罵声

国王の宣祖はただ逃げるだけ、朝鮮の民衆は国王一行に罵声を浴びせ、石を投げつける有様だった。その後、明が支援し、日明間で講和交渉が進み、日本軍が釜山周辺まで撤退したため、宣祖は王都への復帰を果たすことができた。しかし、日明の講和交渉が暗礁にのり上げ、再び戦争がはじまり、朝鮮は戦火に焼かれ、ひどく荒廃した。

こうした事態を招いた朝鮮国王の責任は重いものがあった。積極的に和平交渉をすすめるべきではなかったのか。

たとえいったん頭を下げても国民の生命財産の保持が大事ではなかったのか、そうした声もあった。

元寇のとき、鎌倉幕府も同じだった。元を一方的に無視し、なんの備えもせず対馬や壱岐は大きな被害を受けた。鎌倉幕府の外交戦略の失敗だった。国内だけに目を奪われ、東アジア全体を考える思考がまるでなかった。

背に腹は代えられない。朝鮮政府は宗家に全面的な信頼をよせ、日朝の国交回復を前進させた。慶長九年（一六〇四）、朝鮮の外交僧と政府代表が来日して家康と秀忠に会い、その後、対馬藩と協議を重ねた結果、ようやく日朝貿易推進の己酉《きゆう》条約が結ばれ、対馬島民が釜山に行き交易することが認められた。

釜山に倭館

室町時代は対日貿易所として漢城と熊川、蔚山、釜山に倭館が開かれていたが、今回は釜山湾内の草梁《そうりょう》の一か所だった。しかし規模は大きかった。

草梁倭館は、龍頭山の東西二百五十間（約四百六十メートル）、南北三百五十間（約六百五十メートル）の広大な地を租借して、その周りを城壁で囲み、中に商館が開かれた。

役人の宿舎、寺院もあり、長崎の出島の二十五倍の広さだった。対馬からは数百人から千人が常駐、商務に当たった。市場は月に六日開かれ、対馬藩はどんどん朝鮮の物産を買い付けた。

貿易は公貿易と私貿易があり、公貿易は、長崎で調達した朝鮮には産しない銅や錫、赤色染料の丹《たん》木《ぼく》などで、代価は綿布だった。米と豆の場合もあった。米は対馬藩士の家禄に充てられた。

私貿易は朝鮮と対馬の商人の間で行われた。

輸出するのは胡椒《こしょう》、染料の丹木《たんぼく》、白礬《はくばん》、朱紅《しゅこう》、銅盥《たらい》など東南アジアの物が多かった。

対馬の商人が買い付けるのは、朝鮮の産品のほかに、明国の生糸、絹織物だった。生糸は在京の対州屋敷経由で西陣の織物業者に買われていった。そのほか人参、虎皮、花席《かせき》、油芚《ゆとん》、筆、墨なども輸入し、博多の貿易商経由で全国に販売された。これとは別に私貿易がみとめられ、主に銀を輸出し、人参、生糸などを輸入した。

代価の銀貨は朝鮮から中国にも流れた。

貿易額は年平均五万両から十万両に達し、生糸や人参は国内で販売すると十万から二十万両の利益があった。

対馬藩の石高は十万石格とされ、厳原には城下町も建設され、江戸に上、中、下の三つの屋敷もつくられた。

対馬の黄金時代である。

朝鮮通信使

室町時代から行われてきた朝鮮通信使も復活した。

慶長十二年（一六〇七）には朝鮮国の使節が来日、江戸で将軍秀忠に国書を奉呈し、帰路に駿府で家康に謁見した。

これで朝鮮通信使の再開が決まり、慶長十八年（一六一三）に正使以下四百七十五人の朝鮮通信使が来日した。

一行は釜山を出て対馬、壱岐を経由し、船で瀬戸内海を航行し鞆《とも》、室津、明石を経て大坂に上陸する。大坂から淀までは吃水の浅い川船で京都に向かい、京都からは琵琶湖に出て、中山道、美濃路、名古屋を経て東海道を上った。

淀から江戸までの間に、片道だけで延べ八千頭から九千頭の馬と、延べ約一万人の人足が動員された。足軽、口取や、あるいは合羽をもつ人、餌箱をもつ人、役目は種々雑多だった。

それに関する接待や歓迎の費用約十万両はすべて西国の諸藩が負担した。

費用百万両

幕府は、朝鮮通信使に異常なほど気を使った。第七回に当たる天和二年（一六八二）の通信使一行四百七十三人には約百万両を費やした。時の将軍徳川綱吉《つなよし》が儒学好きだったことも関係していたが、それにしても莫大な浪費であった。幕府の年収は約七十万両。驚嘆すべき接待だった。その費用は沿道周辺の大名に負担させた。

当時の日本人は再び日本が朝鮮に攻め込まないよう朝鮮が日本に朝貢をしてくる使節団として捉えていた。日本優位の感覚で見ていた。それが幕府の権威の高揚にも役立った。

朝鮮通信使の礼服。『参韓帖』（国立国会図書館蔵）より

『海游録』

享保四年（一七一九）、徳川吉宗の将軍職就任を祝って朝鮮通信使一行四百七十五人が訪日した。その通信使に随行した申維翰《シンユハン》が『海游録《かいゆうろく》』（東洋文庫所収）を著し、対馬をこう描いた。

「対馬州は別名芳津ともいう。地形は狭くて長く、東西がほぼ三百里、南北がその三分の一、州は三十八郷あり、各郷には一主管を置き住民を治める。民の俗は詐りと軽薄さがあって、欺《あざむ》くを善《よ》くす。すなわち、少しでも利があれば、死地に走ること鶩の如くである。けだし、その土地が瘠薄《せきはく》にして、百物《ひゃくぶつ》生ぜず、山には耕地なく、野には溝渠《こうきょ》なく、居宅には菜畦《さいえん》がないからであろうか。ただ、漁をして市販し、西北は草梁（釜山の近郊）に集まり、北（東）は大坂、京都に通じ、東（南）は長崎と交易している」

対馬人は鶩の如く鋭く速いと表現した。申維翰の真骨頂は農村の風景や庶民の暮らしの描写だった。農村の暮らしの描写は特にきめ細かであった。

民情を視察

申維翰はできるだけ民情を直接知ろうとして、本来は禁じられている単独の視察を試みた。次の一文は筑前の慈島《じのしま》で宿舎の寺の裏山をまわった時の情景である。

ここは地の島ともいい玄界灘《げんかいなだ》と響灘《ひびきなだ》に挟まれた小島である。

島では禾黍《きび》がよく繁茂していた。人家には必ず牛を飼い、ときに禿頭の男が穀を刈って帰るのを見た。

路傍に数間もある茅屋があって、中は清浄だった。通詞は余を連れて入り、憩うことにした。主人はすこぶる年老いており、その妻と同居していた。余が、

「子女はおるか」

と聞いたところ、

「子女はなく、夫婦だけです」

という。

「飲み水をもらいたい」

というと、妻に、

「お茶をだしなさい」

という。

妻は厨《くりや》に入って盃を洗い、青い茶を酌み、通事にわたした。左右の盎には新穀を貯え、庭には蓆を敷いて青い粟数斗をひろげ、陽にさらしていた。

厨のかまどや器皿は草々としているが、生活ははなはだ楽なようであった。

家の傍らに石を築いて壇をなし、一本の蘇鉄を植えている。また古木があって、よく茂っている。名を「木犀《もくせい》」という。

と記述していた。

各地で通信使に面会を求め、詩文に関して質疑応答を求める人が大勢いた。次々に押し寄せ、ついには徹夜になることもあった。ただし日本を冷ややかに見ようとする姿勢が随所に見え、

「日本の官爵は世襲なので、人を選ばない。怪鬼のような輩が任を全うすることは出来まい」

「ご馳走は食べるに値しない、倭人はむさぼり食べ、各自の膳を掠め取り、食べ残りを求める」

と記述した。ところが浪華に入って申維翰は度胆を抜いた。

繁盛ぶりに仰天

「橋が二百余、寺院が三百余、貴族の邸宅はこれに倍する。農工商売、素封の家も千万を数える」

「書林が至るところにあり、古今百家の分籍を蓄え、それを復刻して販売する。中国の書、わが朝鮮の諸賢の書、ないものはない」

と浪華の賑わいにびっくり仰天だった。

蘆花町《ろか》には娼家や妓院があり、それが十里にわたって、錦繍《きんじゅう》、香麝《こうじゃ》、紅簾《こうれん》、画帳《がちょう》を飾っていた。

さらに続き、

女子は国中の美人が多く、名品を設けて奉華《まつりばな》をほこり、金を算して媚を賭ける。よく一朝に

して百金に値するものがある。その風俗は、淫を好み、袴麗《これい》を尚《たっと》ぶ。閭巷《りょこう》の男女も、ことごとく錦衣《きんい》である。

学問や武道に励む人が多いことも驚きだった。書を業とする者は、郡国を歩き、諸侯の客となる。医を学び、剣を学んで禄を食む者も極めて多く、柔術や撃剣を極めた人も大勢いた。

と驚いた記述をしていた。

富士山

江戸に向う途中の見どころは富士山である。

「万丈の高峰が吃然《きつぜん》として空につっぱね、その状はあたかも円智《えんち》の如し。そして山の頭部は、白玉の如くにして、一塵も染まぬ。腰から下はまた、草木生えたるも鬱茂たるにはいたらず、これを望めば濯々然たるを覚える」

と富士山に感動した。天気のいい日の富士は秀麗である。

「倭人の言によれば、山の裾から絶頂にいたるまで百里、上には大穴ありて、その深さは底知れず、暖気が穴中より生じて烟霧をなすという。

山の白く光るものは、積雪が長留して盛夏にも消えないのであって、福建や南蛮に往く商倭は、遙か海中に雲峰を望み、これをもって方向を弁じ、帆を挙げるという」

中維翰は感性優れた随行記者だった。

江戸城

江戸城は詳細に見て回った。

> 第一城門を入ると、見物する男女が続々として蚕頭《さんとう》の如く、みなその衣は錦繍《きんしゅう》である。第二城門を入ると、甲第（立派なやしき）千甍《いらか》が空高く炫耀《げんよう》し、巡らすに長廊をもってし、塗るに白《はく》堊《あ》をもってす。
>
> 門前にはそれぞれ鉾《ほこ》と羽旗《のぼりばた》があり、儼然《げんぜん》たること宮闕《きゅうけつ》のようだ（中略）。これみな執政、太守、諸貴人の家である。第三城門にいたれば、これが宮城である。垣はあるが塹壕《ざんごう》はなく、砲楼《ほうろう》も設けていない。制度の華美なることは我が国の宮墻《きゅうしょう》に似て、しかもはなはだ高大である。

と記した。江戸城は確かにすごいに違いなかった。

物産と風俗

日本の物産についての描写も多かった。申維翰は柑《みかん》がことのほか気に入った。ちょうど食べ頃とあって、岡崎では出された一籠を一人で食べてしまったほどだった。

また、飲水の法はなく、必ず茶湯を飲むことにも興味を示し、

「市街や路傍でも、炉を設けて煎茶する者、千里相望む。その俗、日用常礼として茶にすぐるものはない」

と記述した。

中維翰が関心を引いたもうひとつのものは性風俗である。

「女性の容貌は、多くのばあい、なまめかしくて厳しい。脂粉を施さなくても、たいてい肌がきめこまかくて白い。その脂粉を施して化粧した者でも、肌が軟らかくてつやつやしく、生来のものの如くに自然である」

と褒めたまではよかったが、

「姦淫《かんいん》の行はすなわち禽獣《きんじゅう》と同じく、家々では必ず浴室を設けて男女がともに裸で入浴し、白昼からたがいに戯れあう。夜には必ず燈を設けて淫をおこない、それぞれ興をかきたてる具をそなえて、もって欲情を尽くす」

とあった。しかし、これはひどい誤解であった。

新婚早々のカップルはそうかもしれないが、時がたてばそうでもあるまい。

魅力を満喫

中維翰は日本の魅力にだんだん引き込まれ、対馬では藩主の提供した船によって遊覧し、名も知らぬ浦で紅酒を酌み、楽工に鼓笛を奏させ、童子に対舞させる。集まってきた近傍の老人、女性、子どもなどとともに朝鮮の歌を歌い、笑い興じたりした。

また日本語も覚え、しばしば日本人を呼んで飲茶や喫煙を求め、道程を問うこともあった。申維翰ら一行四百七十五人の大旅行は往復二百六十一日をもって終わった。

長旅の間、時には論判の相手でもあった雨森芳洲とは涙を流して感動的な別れをした。時に芳洲五十二歳だった。ここで対馬の朝鮮担当、雨森芳洲について触れておきたい。

芳洲は寛文八年、近江国伊香郡雨森村、現在の滋賀県長浜市の町医者の子として生まれた。芳洲は京都で医学を学び、その後、江戸へ出て朱子学者、木下順庵門下に入り、同門の新井白石、室鳩巣らとともに秀才を唱われ、順庵の推薦により朝鮮貿易で潤沢な財力を持つ対馬藩に仕官した。

対馬藩は年間数百人を釜山に派遣し通商にあたっていた。芳洲はそれらの人々に朝鮮語を教え、また対馬藩主の側用人として日本と朝鮮の交流に貢献した。当時、これほど朝鮮に精通した学者はおらず、幕府から一目も二目も置かれた。

朝鮮通信使には二回随行した。当然ながら申維翰の『海游録』に、芳洲の活躍が描かれている。引退後は自宅に私塾を設けて著作と教育の日々を過ごし、宝暦五年（一七五五）、対馬厳原日吉の別邸で死去した。享年八十八だった。

大陸思想（小中華思想）を信奉し、「中華の人間として生まれたかった」と漏らしたという。

当時日本で流行していた男色を、芳洲も好んでいたようで、申維翰は、日本の男色趣味を「奇怪極まる」と芳洲に苦言を呈したが、「貴殿はまだその楽しみを知らざるのみ」とせせら笑ったという。

また対馬生まれの儒者に陶山鈍翁《すやまどんおう》がいる。明暦三年（一六五七）生まれ、江戸時代中期の儒者で、三代藩主宗義真のもとで対馬藩郡奉行に就任、農作物をイノシシの害から守るためその全滅計画を立て、「猪鹿追詰《いじかおいつめ》」として実行した。イノシシを退治したあとは、サツマイモを移入、農業を振興した。当時は生類憐れみの令が出されていたので、死を覚悟して実行した。著作に『農政問答』『老農類語』などがある。享保十七年（一七三二）六月死去。享年七十六。人々は鈍翁を「対馬聖人」とあがめた。

表と裏

人間社会には表と裏がある。

朝鮮通信使は各地で大歓迎をうけたが、反面、各方面から寄せられる苦情も多かった。帰路になると旅に慣れたせいか、わがままな行動も目立った。

船で移動する際、宿舎に夜具を盗んで船に積み込んだり、休憩所の備品を失敬したり、食事に難癖をつけ、大きい魚を出せと言ったり、態度が横柄になってきた。

断ると随行の対馬藩士に唾を吐きかけたりすることもあった。対馬藩士はじっと耐えた。

農家から鶏を盗み、鶏鍋にして食べることもあった。

薬食いと称して、庭に鍋を出して匂いが家に入らぬよう団扇で扇ぎ、煮込んで食べていた。

幕府は朝鮮通信使のために雉や猪の肉を用意したが、卵を産ませるために町人が飼っていた鶏を盗んでしばしば騒動になった。

朝鮮通信使は「国家使節の皮を被った窃盗団」と酷評する人もいた。対馬藩の人々は、我慢に我慢を重ね見て見ぬふりをしていた。これがかえって良くなかった。ついに殺人事件が起こる。

第八章　朝鮮通信使殺人事件

傍若無人の態度

江戸に来た最後の通信使、すなわち宝暦十三〜十四年（一七六三〜一七六四）の通信使来訪時、大坂で殺人事件が発生した。

日朝関係に影響する事件だけに関係者は頭を抱えた。

事件は宝暦十四年四月六日昼、江戸からの帰途、大坂長浜の荷揚げ場で、朝鮮の下級官吏の鏡が紛失したことに始まった。通信使の中級官吏崔天淙《さいてんそう》が、

「日本人は盗みのやりかたが上手だ」

と悪口をいった。これを聞いた対馬藩の通詞、鈴木伝蔵は、

「日本人がおまえらの鏡など盗むはずはない」

とせせら笑った。

江戸への旅で、過剰な接待を受け続けた朝鮮通信使の一行は、甘やかされた子供のように、どんどん傲慢《ごうまん》になり、傍若無人な態度をとるようになっていた。

暴力沙汰起こる

目に余るのが盗みである。それがあまりにも目立ち、伝蔵に怒りが燃え上がった。このまま放置すると、「日本の恥」になると思った伝蔵は、崔天淙に、

「朝鮮人は、所々で出された飾りの品々を断りもなく取って帰っているが、それこそ盗みと同じだ。日本人は盗みなどしない」

と、嚙みついた。

「なんだって、こいつめ」

かっとなった崔天淙は、衆人環視のなかで、伝蔵を杖にて散々打ちすえた。

「ううう」

伝蔵は歯を食いしばって耐えた。

伝蔵も武士である。抜刀して斬り捨てることも可能だった。しかし、対馬藩と幕府に迷惑がかかる。そう考え耐えに耐えた。

この事件の背景には、日本と朝鮮の双方の相互不信が根にあった。日常的接触のなかで生じるささいな行き違いや誤解がエスカレートしたのである。

武門の恥

公衆の面前で打ちすえられたことは、武門の恥であった。しかも衆人環視の中での犯行である。こ

のままでは腰抜け伝蔵と評判になることは必定である。伝蔵は悔しくて、悔しくて、むせび泣いた。

主君宗義暢《よしなが》は、かねがね、

「もし朝鮮人に非がありながら杖で打たれたりしたら、その者を討ち捨て、いったん逃げたあとで国元へ帰ってこい。もし打たれながら、そのままにしていたら、国元へ帰ることを許さない」

といっていた。

「このままでは国元にも帰れない」

思いつめた伝蔵は、崔天淙を殺すことを決意した。武士はこうした場合、つらい立場に追い込まれる。杖で打たれるままにしていたことは、武士の論理からすれば、士道に反する行動だった。察するに崔天淙は日本人には分からぬ韓語で、日本人ないし日本文化を悪《あ》し様に言ったのではあるまいか。

それが通詞である伝蔵には分からないはずはない。だから伝蔵が反論したことで口論となり、その挙げ句、暴力沙汰となったに違いなかった。それでも伝蔵は堪忍した。

朝鮮に比べ、日本の通訳は身分が低いからである。だが夜になって、衆人環視の中で打擲されたことが悔しくなって、殺意を抱いたものと推察された。

対馬藩にとって無念の事件だった。

相手は幕府が招いた客人である。上司に相談すれば止められる。悶々と考えた末に伝蔵は行動を起こした。

伝蔵は夜になってから崔天淙がいる客舎の西本願寺津村別院に忍び込み、部屋で寝ていた崔天淙の胸の上に馬乗りになり、行灯で顔を確かめたうえ、思い切って槍の先で喉を突いた。

「ぎゃっ」

崔天淙が断末魔の叫びを残して息絶えた。

逃亡を図る

伝蔵はワナワナ震えながら通詞たちのいる宿所に逃げこみ、一部始終を話した。

「えっ」

皆、驚いた。

「すぐに逃げるべし」

となって、伝蔵は誓福寺にかくまわれる。このとき、多くの通詞仲間が手助けをした。しかし現実に殺人事件が起こってしまうと、ことは面倒だった。

当初、対馬藩の上役は、まさか自藩の者の犯行とは思わなかった。

最初に派遣された対馬藩の検使は自殺か朝鮮人同士の争いの疑いがあると報告した。

だが伝蔵が杖で打たれたのを何人もが目撃していたので、隠すことはできない。すぐに伝蔵が容疑者に浮かんだ。しかも失踪して行方不明である。

対馬藩の幹部は、いかに対処すべきか、鳩首会議を重ねた。幕府がどう出るか、読みかねたため朝鮮側への対応も遅れた。

大坂町奉行所も同様だった。

外交問題になることは必至である。どうすべきか狼狽した。

朝鮮側では、崔天淙の叫び声を聞いてその場に駆けつけた者がおり、日本人の犯行であることは、すぐに分かった。

あれこれ騒いでいるうちに、時間ばかりが経過し、遺体は放置されたままだった。

「まことにゆゆしき事件」

朝鮮通信使の幹部たちは、幕府の責任を追及せんと騒ぎ出した。

大坂町奉行所も捜査に乗り出した。

逮捕される

十七日、伝蔵は有馬に向かうため、摂津池田村までたどり着いた。

街道筋に手配書が回っており、十八日、池田村に伝蔵に似た者が泊まっているという通報があった。

大坂町奉行所の与力たちは、摂津小川村に出かけ、伝蔵を捕縛した。

翌十九日には、幕府老中松平武元（上野館林藩主）から対馬藩主に、

「上様はこれを重大事件と思し召されており、さっそく、きびしく吟味するようにいたせ」

との奉書があり、目付曲淵《まがりぶち》勝次郎が派遣されてきた。

勝次郎は将軍の意向だとして即座に裁判を開くよう命じた。死罪であることは誰の目にも明らかだった。一日も早く決着し、朝鮮通信使を帰国させるのが幕府の意向だったからである。

伝蔵は逮捕されて十日後、

「崔天淙を刺し殺したうえは、その身も自殺すべきところ、逃亡したのは不届き」

と判決が言い渡された。

本来、大坂町奉行所で判決を行うときは、老中の許可が必要なのだが、幕府から派遣された目付に、判決許可の全権が委任されており、即決即断で死罪の執行となった。処刑は五月二日に行われた。

処刑は尻無川の朝鮮船の前で執り行われた。記録によると、伝蔵はなかなかの美男であったという。

通信使一行は一カ月近く大坂に滞在し、伝蔵の処刑を見届けてから五月六日、帰国の途についた。

すばやい措置もあって重大な支障をきたすこともなく収拾されたが、この事件は世間で多くの人の興味を引いた。

大坂角の芝居で上演中の歌舞伎『長崎丸山細見図』に盛り込まれ、三年後には、並木正三作『世話料理鱸包丁』として上演された。

国許は幕府を非難

この時、国元にいた対馬藩隠居（前藩主）の宗義蕃《よしあり》は、

「処理が一方的すぎる」

と朝鮮と幕府を強く非難した。

国元に事件の一報が入ったのは、五月三日である。翌日には、伝蔵の家内の者が町預けになり、五日には実母、異母姉らに謹慎が命じられた。義蕃は、

「相手に罪がある」

と伝蔵をかばい、次のように朝鮮を非難した。

「今度の事件は前代未聞のことで、対馬士民の浮沈、対馬藩の安否にかかわることである。この事件でいちばん重要なことは、鈴木伝蔵が崔天淙と口論のうえ打擲にあったというのが事実かどうかである。通信使の随員が日本人を打擲するという法外な行為から殺人事件となったのだから、崔天淙こそが国禁を犯した罪人である」

これは島民の怒りを代弁した見解だった。

幕府の措置についても、対馬藩の頭越しに、朝鮮と直接交渉したに等しい今回の対応はきわめて不快だと述べた。

幕府の措置は、ことなかれ主義だった。

第九章　対馬が危ない

イギリスの軍艦が襲来

幕末、対馬に重大事件が次々に起こる。黒船の来襲である。日本は開国以来、外国船が頻繁に日本近海を航行するようになった。

幕府はそのことを察知、対馬藩に沿岸地図を作らせ、島内の要所に遠見番所をつくり監視に当たった。そのさなか、ついに対馬にも異国の軍艦が現れた。

安政六年（一八五九）四月十七日のことである。

「あれは何だ」

対馬の人々は仰天した。

イギリスの軍艦アクティオン号である。軍艦は浅茅湾の尾崎浦に侵入し、ボートを下ろして周辺の測量を始めた。

イギリスが着目したのは、対馬の西側にある浅茅湾である。イギリスは早い段階から対馬占領を考えていた。幕府は海軍をまだ所有しておらず、海の防備は全く無力だった。

海岸防備の砲台もない。イギリスがその気になれば、いつでも占領が可能だった。

船員たちは野菜、鶏、鶏卵、牛、炭などの買入れと称して上陸し、村のなかを歩き回ったが、二十日後の五月八日に立ち去った。

今度はロシアの軍艦現る

次に現れたのはピリレフが指揮するロシアの軍艦ポサドニック号である。今度は、長期にわたって場所を占拠し、対馬の植民地化を求める事態に発展した。

ロシアはこの時期、シベリア開発を進め、樺太にも進出、イギリス、フランスに対抗して朝鮮半島にも触手を伸ばさんとしていた。そのための絶好の島が対馬だった。イギリス軍艦のときは薪や水を補給して退去したが、ロシアは一向に動こうとしない。ポサドニック号は艦体の修理を口実に無期限停泊を声明、勝手に森林を伐採し、艦内に運び込む始末だった。その後、芋崎に移動、

「ドガン、ドガン」

と連日、大砲を発射して威嚇し、ついには対馬の大工を徴発して、宿舎の建設を始めた。宿舎にはロシア国旗がひるがえり、ジャガイモ、キャベツ、玉ネギの栽培も始めた。家畜小屋もでき、石積の波止場まで作った。芋崎占領である。

抗議した百姓の安五郎はピストルで射殺され、二人が拉致された。対馬藩は手も足も出ない。対馬は上を下への大騒ぎとなった。

これは日本国の危機でもあった。清国はイギリス艦隊に攻め込まれ香港を割譲された。

油断も隙も無い時代だった。

イギリスは狡猾

天保十一年（一八四〇）に始まった清とイギリスとの間の戦争は、アヘンが原因だった。

十八世紀ごろヨーロッパでは、紅茶が大流行となり、イギリスは清から大量の茶を輸入していた。イギリスは時計や望遠鏡などを輸出したが、まるで売れない。大幅な貿易赤字に陥った。そこで清国に持ち込んだのがアヘンだった。

イギリスも狡猾《こうかつ》だった。自分の国では禁止しているアヘンを清国に持ち込んだ。アヘンの輸入量が茶の輸出量を上回り、茶だけでは足りず、イギリスから購入した銀まで流出する事態になった。欧米列強の裏面はこのようなものだった。

怒った清の道光帝《どうこうてい》は、アヘンを販売した者、アヘンを吸った者は死罪という厳しい法律で対応。イギリスの貿易商からアヘンを没収して廃棄した。

怒ったイギリスは、軍艦にて清を攻撃、アヘン戦争が起こった。圧倒的なイギリス海軍の前に清は敗北、香港島を占領された。

このようなことがまかり通る世の中だった。日本という国は狼の前に立ちすくむ子羊だった。

対馬を植民地に

日本には軍艦がなく、対抗するすべがない。蒙古襲来に次ぐ対馬の危機だった。

日本国民は誰もそうした事態も知らないし、国防の意識も皆無だった。

事態を重視した幕府は、外国奉行の小栗忠順《おぐりただまさ》を対馬に派遣したが、武力を持たない幕府は相手にされない。ロシアは芋崎、昼ケ浦の租借を要求、梃子でも動かない。

「そちが何とかせい」

幕閣から外国事情に詳しい勝海舟に相談が持ち込まれた。国防という意識は全くない当時の日本である。ロシアを何とかだますしかない。

海舟は「ロシアに対馬をとられてもいいんですかい」とイギリスに話を持ち込んだ。

イギリス艦隊のホープ提督が動いてくれ、ピリレフに抗議の質問状を送り付け、ようやく退去させることに成功した。その間、半年の時間がかかった。

イギリスも対馬を狙っている。そこをうまく利用したのだった。日本の外交は綱渡りだった。

この問題、国内に大きな波紋をもたらした。

イギリスに頼んで解決したところで根本的解決にはならない。尊王攘夷運動を起こし、列強に武力で刃向うしかないとする知識人が各地に台頭した。

勝海舟（上）とピリレフ（下）

その代表的な藩が長州だった。

長州の使者が対馬に乗り込み、以後、対馬藩は尊王攘夷の長州藩との関係を深めることになる。現在の対馬藩では対馬を守り切れないので、領地を幕府に返上してはどうかという移封論も出て来た。対馬を幕府の直轄領とし、宗氏は他所に領地を拝領し、そこに移住する案である。この案には江戸家老佐須伊織が積極的に動いた。

江戸家老を惨殺

「とんでもない奴だ。伊織を殺せ」

対馬藩内は大荒れに荒れた。

「対馬は元寇で多くの命を失った。先祖の墓を捨てて、ほかに移るなどあり得ない」

と大浦作兵衛、大島友之允、多田荘蔵、勝井五八郎ら若手の藩士四十四人が脱藩して江戸藩邸に集結、藩邸で家老佐須伊織を問責した。

「しからば、外国の脅威にどう対抗するのか」

伊織が問い詰めると、

「問答無用ッ」

と抜刀して斬殺した。倭寇の血を受け継ぐ対馬藩士である。

彼らの言い分にも一理はあった。伊織の考えは早計であったかもしれない。この年の秋、藩主宗義和《よしより》は隠居して、世子義達《よしあきら》十六歳が藩主の座に就いた。

対馬藩政を牛耳った四十四人は尊王攘夷を唱え、長州藩と同盟を結んだ。対馬長州同盟である。

長州の面々は桂小五郎、高杉晋作ら反幕府の強力メンバーである。禁門の変で、京都から追放された長州藩は京都の対馬藩邸を根城に暗躍を始めた。すると今度は、

「これはゆゆしき事態。長州に加担して討幕などできぬ」

と藩内の佐幕派が動き始めた。幕府あっての対馬藩である。長州藩と結ぶなど許せぬと対立した。佐幕派の中心は年若い藩主の外戚勝井五八郎だった。義達の母、勝井タミは五八郎の妹である。義達の時代になって、五八郎は側用人から大勘定役に出世、権勢をふるうようになり、尊王攘夷派と激しく対立するようになった。そのさなかに長州藩から重大な問題が持ち込まれた。

長州、幕府と決戦

元治元年（一八六四）二月、長州藩から佐久間佐兵衛が対馬を訪れ、幕府との決戦を伝えた。

「我々は上洛して幕府との決戦に及ぶ。日本を外圧から救う道は、幕府を倒して、新しい政権を樹立するほかなし」

と熱弁をふるった。長州には大勢の公家がついていた。

「もし長州が敗れたときは、われらと行動を共にする公卿と長州藩主父子を貴藩の世話で朝鮮にかくまってもらいたい」

佐久間の話は大胆不敵なものだった。

対馬藩は大評定を開いて評議した。大浦教之助、幾度八郎、幾度判兵衛らの尊王攘夷派が会議をリードして、万一そのような事態になれば藩校日新館を以て決死これに応ずべしと決議した。

「ばかな」

五八郎は強く反対したが、多数決で押し切られた。五八郎は対馬を去るしかなかった。

それから二月後、長州藩は大軍を率いて上京したが、禁門の変で会津藩と薩摩藩に敗れ、佐久間は責任者の一人として切腹を命ぜられた。

「それ見たことか」

五八郎は長州の危うさを再確認した。

藩主、七卿の朝鮮避難はなく、対馬藩に迷惑が及ぶことはなかったが、五八郎の佐幕派は一気に反撃に転じ、逃避先の佐賀田代代官所（現在の佐賀県鳥栖市）で蜂起した。

血で血を洗う

五八郎は二十六名の藩士を率いて対馬に向かい、府中西の浜より武装上陸し、城に入るや、ただちに若年の藩主を擁して、中奥を占拠した。

五八郎は大浦教之助以下を罷免、拘束し、断罪あるいは暗殺し、大手橋に晒される者もいた。

「その横暴日を追って甚だしく、罪なき民をも殺し、あるいは邸宅を奪って、これを私物化し、あるいは婦女を辱め、甚だしきに至っては、子供をも殺すなど無政府状態を現出し、怨嗟の声は対馬中に満ちた」

と『改訂対馬島誌』にあった。

大ナタを振るった五八郎は千八百石の家老に昇進、権勢をほしいままにした。しかし怨嗟の声が藩内に充満し、慶応元年五月二日、尊王攘夷派が決起し、藩主義達に五八郎の罷免を求め、承諾を得るや五八郎を斬殺した。二百人以上の反対派を無差別に殺した以上、その結末は見えていた。

こうした一連の動きを見ると、対馬藩は薩長に加担し、明治新政府に背を向けたと思われがちだが、実はそうではなかった。

徳川時代、二百数十年間幕府の名代として朝鮮国との外交通商を仕切ったプライドがあり、最後まで幕府支持の基本姿勢は貫いた。

ああ幕府瓦解

京都では幕府、会津よりの孝明天皇が突然、この世を去ると、宮門クーデターが断行され、薩長の頭上に錦旗が上がった。

将軍徳川慶喜は、恐れをなして江戸に逃げ帰り、幕府は音を立てて崩れ去った。会津を中心とした奥羽、越後の諸藩がこれを不満とし奥羽越列藩同盟を結成して立ち上がったが、武運拙く敗れ、薩長政権の誕生となった。

対馬藩は幕府と運命を共にしたことで、対馬が立ち遅れる原因になったともいわれているが、かならずしもそうではなく、対朝鮮外交が明治政府に移った以上、対馬の役目は終了し、衰退は避けられない運命だった。

第十章　明治・大正・昭和

廃藩置県

明治四年（一八七一）七月、廃藩置県が断行され、全国から藩が消え、対馬藩も消滅し、新しく県知事が任命された。宗重正（義達より改名）は在任二年で知事職を免ぜられ、民部大丞渡部清が知事心得として着任した。

これで鎌倉時代以来六百余年の長い間続いた宗氏による対馬支配は終った。

その後、対馬は佐賀県に属していたが、同年八月十七日に長崎県に編入された。

朝鮮との外交は、王政復古以来、停止したままになっていた。

そこで日本政府は重正を外務大丞に任じ、宗氏の外交権資格を継続させたが、この官職も朝鮮国と約定した名義と異なるため何らの権限はなかった。明治五年（一八七二）、釜山の「倭館」も外務省に接収され、対馬と朝鮮の間で約定した中世以来の特殊な外交関係はこれで終った。

江華島事件

明治以降、またも日朝波乱の時代が来る。

明治二年（一八六九）、明治新政府は、朝鮮王朝に新政府樹立を伝達する文書を送ったが、これまでの文書と異なり、西洋式の様式だったので、朝鮮国は受取を拒否した。

これで日朝の国交は断絶となった。

日朝は再び近くて遠い国になった。

明治八年（一八七五）九月二十日、日本海軍の軍艦雲揚《うんよう》が江華島《こうかとう》沖を測量中、朝鮮国の砲台から砲撃を受けた。このため即座に応戦し、江華島の南に位置する永宗島に上陸、これを占拠した。

これは国交を結ぶまたとない機会だった。政府は自国軍艦への砲撃を重視し、黒田清隆を特命全権大使に命じ、黒田が軍艦六隻を率いて朝鮮に向かい、砲艦外交を展開した。

黒田は日本との国交を強く求め、日朝修好条規を結ぶことに成功した。

釜山に領事館

明治十三年（一八八〇）には、花房義質《よしもと》が最初の駐劄《ちゅうさつ》弁理公使として漢城に入り、釜山と元山の開港が決まった。

この時期、朝鮮の政情は不安定で、公使館が襲撃され、日本人数十人が殺害される事件が起った。

日本政府は日本人の保護のため朝鮮に軍隊を派遣した。釜山に領事館が開設され、旧対馬藩士が役人に登用された。

朝鮮語を学ぶために語学所も開設されたが、学生も対馬の人が過半数を占めた。

江華島事件。『皇国一新見聞誌』（月岡芳年作、国立国会図書館蔵）より

対馬にとって釜山は、良きにせよ悪しきにせよもっとも近い外国であり、深い交流を重ねてきた隣人だった。

明治の半ばには千七百人を超える日本人が釜山に住んだ。多くは対馬の人々で、日本の新聞には「釜山はさながら対馬厳原の支町」と掲載された。

釜山での仕事は仲買、小売雑貨、料理屋、飲食店、質屋、舟問屋、銀行、廻船問屋、旅館、高利貸しなどさまざまだった。

一攫千金を夢見て移住した人が陥るのは商売の失敗だった。結局、高利貸しに頼る羽目になり、いつの間にか、土地も家屋も高利貸しの手に渡ってしまう人もいた。

やがてロシアがアジアに触手をのばしてくる。かくて日露戦争が勃発する。

対馬沖海戦

戦争が始まったのは、明治三十七年（一九〇四）二月六日である。

日本海軍は電撃作戦で、旅順港の封鎖作戦に踏み切り、陸軍は二〇三高地を奪取し、残る戦いはバルチック艦隊との決戦だった。

五月二十七日、空前の大海戦が対馬のすぐ東の海上で行われた。

島の人々は日本海海戦を知らずにいた。しかし沖合に砲声が轟き、海戦が始まったことはすぐにわかった。

人々は高台に上がって戦闘の様子を見つめていた。翌日になって撃沈された巡洋艦ナヒーモフの乗組員百人が三隻のボートに分乗して上対馬の茂木浜に上陸してきた。

戸数十三戸の寒村なのでどうにもならない。村人は身振り手振りで、ふたたびボートに乗せて戸数の多い琴《きん》に送りこんだ。

琴も上を下への大騒ぎである。

「かわいそうだ。助けてやれ」

琴村戸長の佐藤森之助と書記の律野秀太郎があれこれ奔走し、ボートのなかで死亡した一人の水兵は寺に預け、将校と兵を分けて小学校と民家に分宿させた。

ロシア兵上陸の知らせに島の人々が続々集まり、こわごわと取り巻いた。水兵のなかには裸足の者もいて、服も古びていて哀れを覚えるほどだった。しかし軍医は革袋にかなりの英国金貨を持っており、また美人の写真を後生大事にポケットに忍ばせている水兵もいた。皆総出で、怪我人を民家に運んだ。誰一人、敵国兵として虐待する者はいなかった。

最初は不安げな様子だったロシア兵も粥を作って食べさせると安堵した表情になり、焼酎も飲んだ。

翌日、浅茅湾の竹敷にある海軍要港部から小型蒸気船が急行し、ピストルやナイフを押収しロシア兵を連行したが、村はしばらくの間、このときの興奮が冷めなかった。

小島カツの証言

『上対馬町誌』に小島カツの談話がある。

「昼ごろだったと思うが、ロシア人が茂木にあがったという知らせで、村中茂木に行った。十五、六の頃で、初めてロシア人を見るのだから、恐ろしゅうて恐ろしゅうて堪らなかった。茂木は荒浜で、いつも時化《しけ》るとこじゃが、その日はいい天気でした。ロシア人は胸まで潮につかって浜にあがってきた。背もふてえふてえ。その日、琴まで来て、村の大きい家に分かれて泊まられた。他にどこどこの家に泊まられたかは分からないが、お寺にも泊まられたでしょう」

という話が伝わっている。

当時、五歳だった比田老人の談話もある。

「ロシアの兵隊さんは別に恐れおののいている様子でもなかった。学校に行ってみたら、机を二つ、三つ並べて、それを寝台にして怪我人を寝かせていた。死体も預かってあった。俵を積むように死体を積んであるのも見た」

対馬の人々は武器を持っていなかったこともあり、ロシア兵を攻撃することはなく、怪我人は温かく看病した。

島根にも漂着

日本海海戦の模様は島根県の海沿いの村々にも伝わっていた。

多伎町の海には裸の死体が漂着し、浜田市の海にはボート五艘に乗ったロシア兵が岸に近づき、人々は怖いもの見たさにクワや鎌を手に波打ち際に集まった。するとボートのロシア兵が武器を海中に投げ捨てたので、人々は着物を脱いで海に入りボートを引き上げ、約二百五十人のロシア兵を助けた（『読売新聞』「にっぽん人の記憶20世紀・日露戦争の100歳の証言」)。

日本、韓国を併合

日清、日露戦争で勝利を収めた日本は、明治三十八年（一九〇五）には、韓国を支配下に収め植民地とし、在朝日本人は十七万人に達した。

対馬の人々はこぞって、朝鮮に渡り、一旗揚げようと商人になる人が多かった。対馬と朝鮮は、もともと一衣帯水《いちいたいすい》の間柄である。重病人が出ると漁船で釜山に運んだ。博多より釜山の方がはるかに近かった。

上対馬町の鰐浦《わにうら》からは釜山の夜景がはっきり見える。

そうしたことで戦前は、対馬を朝鮮の一部と思っていた人も多かった。これが今日、日韓関係をこじらせる大きな要因となっている。

世論調査によれば韓国人が一番嫌いな国は日本だという。でも一番見習いたい国も日本。一番好きな国は米国、なのに若者の反米感情は強く、日本ファンが多いとも言われている。

日本人が嫌われる大きな理由は、日韓併合だった。これは後半で詳しく考察したい。

太平洋戦争始まる

太平洋戦争が始まると、対馬も戦場になった。朝鮮から食糧を運ぶ輸送船が米軍機に狙われた。

昭和十九年六月中頃のことだった。

琴区の子供たちが小学校に登校しようとしていた朝の七時五十分頃、突如、米海軍のグラマン戦闘機が、海の方から低空で、飛来し、琴港に避難していた輸送船に銃撃を加えた。さらに周辺の集落に焼夷弾を投下し、炎上させた。

琴の人々は突然のことに仰天し、慌てふためいて琴小学校に避難した。銃弾が屋根を貫通した家もあったが、家人はいち早く逃げたので、怪我はなかった。

少年のひとりは機銃掃射の至近弾で土石が飛び散り足に怪我をした。輸送船は、炎上しなかったが、乗組員二人が怪我をして、病院に運ばれた。

この空襲のとき、たまたま山で働いていた人が、輸送船を襲う米軍機を見ていた。

なんと戦闘機のパイロットは女性だったという。

「腰が抜けるほど驚いた」

と皆に語った。

比田勝沖海空戦

敗色が濃くなった昭和二十年五月頃のことだった。陸軍の将兵を乗せた千トンから二千トン級の輸送船が三隻、朝鮮から日本本土に転属する将兵を乗せ、西泊港の岸壁に着いた。

護衛の海防艦は、輸送船団が西泊港に入ったのを確認するや、白波を蹴立てて帰路に就いた。

その直後、二十数機の米軍機が飛来し、海防艦に群がるように攻撃してきた。

海防艦は、ジグザグ航法や急回頭航法を繰り返しながら機銃で激しく応戦した。

海防艦は、たった一隻、相手は二十数機、人々は海防艦の無事と健闘を祈る思いで見つめた。

「とてもかなうまい」

と見ているうちに、三機の敵機が白煙を引いて海に突っこんでいった。

「やった、やった」

胸がすく思いで皆が手を叩いた。

やがて敵機は、燃料切れのためか急遽、爆音を響かせて視界から消えた。

戻って来た海防艦に行ってみると、艦内は蜂の巣のように銃弾を浴び、戦死者二名、負傷者十二名を出した。集落の人々が総出で病院に運んだ。

後にも先にもこれだけの戦果は初めてだった。だが日本はいたるところで敗れ、戦争は大惨敗に終わり、朝鮮、満州、台湾など植民地は、すべて返還させられ、裸の小国になってしまった。

第十一章　日韓に横たわるトゲ

横行する反韓論

日本人はいつから韓国人が嫌いになったのか。書店をのぞくと反韓論の本が山ほどある。私も十冊は買い求めた。

宮本雅史、『対馬が危ない』（産経新聞出版）に続き室谷克実著『呆韓論』（産経セレクト）、黄文雄著『犯韓論』（幻冬舎ルネッサンス新書）、シンシアリー著『韓国人による沈韓論』（扶桑社新書）、黒田勝弘著『韓国反日感情の正体』（角川ｏｎｅテーマ21）、大西裕著『先進国・韓国の憂鬱』（中公新書）などである。

韓国人の反韓論もある。

シンシアリー氏は、生まれも育ちも韓国である。職業は歯科医。

本を開くと「韓国人の辞書には責任の文字はない。声が大きい奴が勝つゆがんだ社会、自分が信じることだけが正義」といった文字が並んでいる。こんなにひどいのかと呆然となる。

私も在日の方と話し合って、どうにもならない壁を感じたことがある。問題によって意見が一致することもあるが、あくまでも限定的だ。従軍慰安婦、強制連行などの問題になると意見の一致は不可能になってくる。しかも感情的に責めてくるので対話にはならない。

従軍慰安婦で真っ二つ

韓国側は従軍慰安婦に強いこだわりを持っている。大沼保昭著『「慰安婦問題」とは何だったのか』（中公新書）にこうある。

平成三年（一九九一）、八月十四日、金学順《キムハクスン》という韓国の女性が、自分は「慰安婦」だったと名乗り出た。彼女は十二月にはほかの元「慰安婦」とともに日本の責任を追及して東京地裁に訴えた。

「慰安婦」問題はすでに韓国では大きく報じられ、日本の国会でも質疑が行われていたが、一般の関心はそれほど高くなかった。しかし、一人の生身の女性が元「慰安婦」という過去を告白して日本を訴えたことの衝撃は大きく、問題は大きく社会化する様相をみせていた。

翌年一月十一日には『朝日新聞』が一面トップで、「慰安所」の設置、「慰安婦」の募集、監督などに日本軍が関与していたことが史料的に示されたというニュースを報じた。

ニュースソースとなった人物は、吉田清治氏で、戦時中、日雇い労働者を管理する山口県労務報国会下関支部で動員部長だったという。

昭和五十年代に二冊の本を出し、その中で自らの体験として「済州島において戦時中、約二百人の若い女性を狩り出した」と記述した。この吉田証言を『朝日新聞』が「慰安婦狩り」が存在したと取り上げたことで事態は大きく進展した。

日本と日本軍が関与した「従軍慰安婦」は現実に存在した、韓国は日本を強く非難した。ただそれは、あくまで「戦地」においてで、当時の日本には管理売春組織があり、「従軍慰安婦」が存在したことは事実だが、強制ではなかった。

しかも吉田証言は創作であったことが明らかになり、朝日新聞は全面的に非を認め謝罪した。

『帝国の慰安婦』

昨今、世に出た韓国世宗大学日本文学科の朴裕河《パクユハ》教授による『帝国の慰安婦――植民地支配と記憶の闘い』（朝日新聞出版）は衝撃の本だった。

朴教授は、慰安婦問題とはいったい何なのか。両国民の感情はいまや取り返しがつかないほど悪化してしまったとして、「両国の和解のために、朝鮮人慰安婦として声を上げた女性たちの声にひたすら耳を済ませることから始めた」とこの本の序文に書いた。慰安婦になった女性のさまざまな声を収録していた。

・勉学への渇望や「白いご飯」を求めて朝鮮人あるいは日本人に騙されて慰安所に行った人が、少なくなかった。

・ある韓国人女性は、朝鮮より日本が暮らしやすいというので、誘われて日本に行った。そこは慰安所だった。

・別の韓国人女性が連れていかれたのは台湾人の慰安所だった、窓には鉄柵があった。廊下の両側に女たちの部屋があった。客は日本人の兵隊と台湾の民間人だった。

・日本でも同じようなことが、近代初期から行われていた。幼い少女を誘拐の形で外国に売り飛ばす業者が存在した。彼女らは親に売られて行きながら、家のことを心配する心優しい娘であった。

・昭和十八年からは挺身隊という名のもとに韓国の女性が集められた。十二歳以上、四十歳未満の女性で、二十万人が集められ、数万人が慰安婦にされた。

など様々な声があった。朴教授は、「従軍慰安婦の場合、それを必要としたのは間違いなく日本という国家だった。しかし女たちを騙して連れて行ったのは、日本人だけではなく朝鮮人も含まれていた。この問題にけりをつけなければ、自発的であれ強制連行であれ、朝鮮の最も貧困で無力な娘が、日本軍の欲求処理の手段にならざるを得なかった彼女らの苦痛は終生消えない」と日韓両政府に対応を求めた。

『慰安婦と戦場の性』

戦争と性は古来から密接にからんでいる。

著名な近代史研究家である秦郁彦氏の著書に『慰安婦と戦場の性』（新潮選書）がある。この方の取材の執念はすごい。靖国問題で、会津藩士の扱いをめぐり何度も電話をいただいたことがある。とことん調べあげる。

秦氏はこの中で、米軍が日本に上陸したとき内務省の発案で、特殊慰安施設協会が作った募集広告に二千数百人の女性が集まり、ピーク時には七万人の日本人女性が米軍に奉仕したと指摘していた。

私にもこれに関連した記憶がある。

太平洋戦争のとき、私は小学生だった。戦争中、私は父親の郷里である宮城県伊具《いぐ》郡小斎《こさい》村に仙台から疎開していた。現在の丸森町である。

我が家の先祖は、戦国時代からここに住み、何代にもわたって伊達の風土で暮らしてきた。田圃も畑もあったので、食べることに不自由はなかった。

仙台が空襲にあったとき、仙台の空が真っ赤に燃え、子ども心に大変なことだと思った。

日本の降伏を伝えた玉音放送は大人たちと一緒に聞いたが、意味はまったくわからなかった。

中学時代、私は仙台におり、同級生の家に時おり米兵が来ていた。彼の姉は米兵とつきあっていた。離れがあって、そこに米兵が来ていた。

「これあげるよ」

私は彼からチョコレートやチューインガムをもらい、アメリカは豊かな国なんだと単純に思い食べていた。

彼の姉が、どうして米兵とつきあうようになったのかは、聞いたような気もするが、忘れてしまった。いま思い出してみると、青白い彼の姉さんの横顔には、淫靡な女性の影のようなものを感じ、胸がドキドキしたことがぼんやり浮かびあがる。性の匂いを感じたのかも知れなかった。

仙台には米軍のキャンプがあり、仙台鉄道管理局のグラウンドで、米兵が仙鉄の野球部とよく練習試合をしていた。野球少年だった私はグローブを持ってグラウンドに出かけ、練習のとき、外野で球拾いをした。米兵に対して特に憎しみはなく、嬉々として駆け回っていた。

夕方になると仙台駅前は米兵でいっぱいになり、彼らは靴を磨いて、たむろする女性と手をつないで、どこかに消えていくのだった。これだけが釈然としない光景だった。

旧制二高の柔道部の学生が米兵を背負い投げで投げ飛ばしたという話を聞いたときは、してやったりと思ったものだった。

ベトナム戦争

朝鮮戦争のとき、在韓米軍の基地には三十三万人の売春従事者が群がり、売上げ額二兆四千億円、GDPの四・一パーセントに達すると平成十五年（二〇〇三）二月七日の『東京新聞』が報じた。

ベトナム戦争でも膨大な性産業従事者がおり、混血の私生児も多数生まれていた。それだけではない、婦女子への暴行も日常的に発生した。

カナダ生まれのアメリカ人、ディヴィド・W・W・コンデの作品にベトナム戦争と韓国人兵士を扱った『朝鮮――新しい危機の内幕』（岡倉古志郎監訳、新時代社）という作品がある。著者はアジア問題の専門家で、太平洋戦争後、アメリカ占領軍総司令部の情報教育部に勤務した。コンデはベトナム戦争時における韓国軍兵士と性について、次のように述べた。

昭和四十一年（一九六六）三月二十六日から二十八日にかけて、ビンディン省で、韓国軍は、数千におよぶ農家と古寺院を炎上させ、若い女性や年老いた女性を集団強姦した。

八月までに〝勇猛な〟朝鮮人たちは、ビンディン省における焦土作戦を完了した。

ブガツ省では、三万五千人の人たちが、〝死の谷〟に狩り立てられ、完膚なきまで拷問が加えられてから全員が殺された。

十月には、メコン河流域では、裸で両手ないしは両足を縛られた十九人の婦人の遺体が川から引揚げられた。これらは、いずれも凌辱された少女たちの遺骸であった。この事件に先だって、同じ地域で共同作戦中の米軍と韓国軍が、昼日中に結婚式の行列を襲い、花嫁を含め七人の女性を強姦した、との報道もあった。

かれらは、結婚式に呼ばれた客の宝石を残らず奪ったうえ、三人の女性を川の中へ投げ込んだ。

放火、銃剣による突き殺し、拷問、強姦、強奪——こんな記事は、ほとんど毎日のように続いていた。母親の胸に抱かれたいたいけな乳幼児でさえも、非人間的な殺人行為を免れることができなかった。

コンデは、その蛮行を厳しく指摘した。そして米軍および韓国軍の検閲官が全強権を発動し、事実が明るみに出るのを妨げている、韓国軍は、米軍将校の指揮下にあり、最終的な責任はワシントンにあると告発した。

米軍、南ベトナム軍も一緒

吉澤南著『ベトナム戦争――民衆にとっての戦場』（吉川弘文館）にこうあった。著者は執筆時茨城大学教授、『ハノイで考える』（東京大学出版会）、『ベトナム戦争と日本』（岩波書店）などの著書があった。彼はこう記述した。

ベトナムの女性たちは長い黒髪に入念に櫛を入れ、背になびかせるか、頭上に編み上げたり、束ねるのが伝統的な身だしなみである。そこで、民衆運動に動員された女たちの集団は「長髪軍」と呼ばれた。ベンチェ省の奪回に駆り出された一万数千の南ベトナム政府軍の主体は海兵隊であった。彼らは民衆の反政府的な傾向に敵意をむき出しにし、殺人、略奪、破壊を繰り返した。なかでも暴行、強姦は目に余るものがあった（政府軍海兵隊の映像資料としては、一九六五年五月九日放映された日本テレビ（ＮＴＶ）『南ベトナム海兵大隊戦記』がある。また文章では、石川文洋『サイゴン政府軍――南ベトナム海兵大隊従軍記』がある）。

後のことだが、一九六三年八月サイゴンにおいて仏教徒の反政府運動を弾圧した政府軍と秘密警察は、寺院を襲撃して仏教徒を殺し、多くの学生男女を逮捕した。ゴ・ディン・ジェム政権がクーデターで崩壊すると、逮捕されていた学生たちは釈放されたが、監禁中に女子学生の多くは（六〇〇名と言われる）拷問され、強姦された。当時サイゴンにいた一日本人カメラマンは、そうしたつらい体験をした女子学生の語る言葉を記録している。

第一海兵隊広報局に所属する報道写真家として、一九六六年から一年余ベトナムにいたある軍曹は次のように語った。

「チュライの小銃分隊がこの村に侵入しました。九人はいわゆるベトコン売春婦を一人追い立てる手はずになっていたのですが、彼らは村に進入し、彼女をとらえるかわりに強姦したのです。すべての兵隊が彼女を犯したのです。実際、一人の兵隊はあとで私に、ブーツをはいたままで女を抱いたのははじめてだったと語りました。……ともかく、隊員たちは少女を強姦し、それから、この女を抱いた最後の男が女の頭を撃ったのです。

ほんとうにちっぽけなからだ、子供の死体が顔にわらをかぶって畑のなかに横たわっていました。棍棒で打ち殺された死体でした」

こうしたことは日常的に起こっていた、ベトナム戦争時、現地の婦女子に対して韓国兵が集団レイプをした後、その婦女子が出産したライタイハン（韓国兵士とベトナム人女性の間の混血児）問題はベトナムとの間で未解決のままになっている。

アメリカとソ連

アメリカやソ連はどうだったか。前記『慰安婦と戦場の性』によると米軍の上層部は自由恋愛型で、幹部の秘書は大半が恋人だった。一般兵士はそうはいかなかったが、内務省が設置したＲＡＡという団体が、大森や吉原に慰安所を開き、女性を集めた。高給と米兵のプレゼントで大勢の日本人女性が殺到した。一種の援助交際のスタイルだった。

ひどいのはソ連兵だった。

満州や北朝鮮におけるソ連兵の掠奪、強姦ぶりは、「すさまじい」の一語に尽きた。暴行された女性のうち十人に三人は舌を嚙み切って自殺した。

ソ連軍将校から、「女を自動車に乗せ、大和ホテルのソ連軍使の許に届けよ」と命じられ、泣く泣く若い女性を届けたこともあった。この種の要求のため満州赤十字の看護婦二十二人は自決した。

満州国の吉林省では二百五十人の日本人女性が強姦されたあと殺された。

中国共産党軍も時、所、夜昼かまわず、婦女を強姦した。このため東北（満州）の各都市では、午後四、五時以降ともなれば、街頭には絶えて人影なく、婦女子は恐怖のあまり、頭髪を切り落して男装し自らの貞操を守ろうとした。こうした事態を招いた日本国首脳や関東軍幹部の責任は重大だった。

もう終わりにすべきだ

慰安婦問題について、最近、アメリカのジャーナリスト、マイケル・ヨン氏が見解を述べていた。ヨン氏はこう言った。

「慰安婦問題は、韓国と中国の対日宣伝工作の中で生み出された虚構にまみれています。軍隊と売春が切っても切り離せない問題なのは事実です。しかし韓国が主張するような、旧日本軍が組織的に二十万人もの女性を性的奴隷として強制連行したなどという話があまりに馬鹿げたものであることは、軍隊に関する知識が少しでもある者ならすぐに分かります」

ヨンは米陸軍特殊部隊（グリーンベレー）出身。除隊後の〇四年からイラクで米軍部隊への従軍記者活動を開始した。その後、フリージャーナリストとして活動の幅を広げ、〇八年には『イラクの真実の時』を刊行し、全米でベストセラーを記録。その綿密な取材と独自の視点は高く評価され、米国の三大ネットワークでコメンテーターを務める傍ら、世界各国のメディアでも広く活躍している。

彼が慰安婦問題を取材する中で「暗部」に気付いたのは、昨夏のことだった。

「米国内の調査で私がまず訪ねた先は、カリフォルニア州グレンデール市でした。一昨年、この地に慰安婦像が建立されましたが、これにかかわったのがカリフォルニア州韓国系米国人フォーラム（ＫＡＦＣ）です。私が驚いたのは、その場で共産党機関紙『しんぶん赤旗』の広告を見て慰安婦像見学ツアーに参加したという日本人グループに出会ったことでした。約十五人で現地を視察していた彼らは、挨拶した私に自らが共産党員であることを明かしました。私が『慰安婦の強制連行があったという証拠はあるのですか?』と尋ねると、彼らは『証拠には興味がない』と答えたのです」

慰安婦像の碑文には、「日本軍によって性奴隷にさせられた二十万人以上の婦女子」などの記述がある。ロサンゼルスの公立高校で使われている世界史教科書の一部にも同様の記述があり、外務省が昨年、修正を求めたのは周知の事実だが、実はアメリカの公文書には全く反対の事実が書いてあるとヨンは言う。

「私はジャーナリストとして、公平な立場からあらゆる文献を渉猟し、本格的な調査を開始しました。終戦直前の四四年に米軍が作成した日本軍に関する調査報告書、戦争捕虜への聞き取りを元に作成された四九年の報告書、オランダが作成した報告書などの膨大な文献を入手、徹底的に分析しました。例えば四九年の報告書には、当時韓国紙の『慰安婦募集』の広告を見て応募した売春婦が多数いたことや、彼女たちの年収が約九千円で、帝国陸軍将校の年収＝約六千円をはるかに上回っていたことなどが記されている。彼女たちが強制連行された従軍慰安婦ではなく、高給の売春婦であった事実を示していました」

（『週刊文春』平成二十七年三月十九日号）

韓国政府は、もっと多チャンネルで慰安婦問題を調べる必要があるだろう。いい加減にやめるべきではなかろうか。

なぜ植民地に

もう一つ、日韓の間に横たわるトゲは植民地問題である。

日韓問題に長く取り組んできた崔基鎬《チェケイホ》氏の著書に『日韓併合の真実』（ビジネス社）がある。

崔氏は一九二三年生まれ。明知大学助教授、中央大学、東国大学経営大学院教授を経て、加耶大学員教授を歴任という経歴である。巣鴨高等商業学校（現千葉商科大学）で学んだ。知日派である。この本のまえがきにこうあった。

李氏朝鮮はその創建から終焉まで、五百十八年に及ぶという長寿王朝であった。日本の歴史でみれば、室町時代から明治時代の初めまで続いた、東アジアでは稀有《けう》の王朝といえよう。

前王朝の高麗を倒して、李氏朝鮮の始祖となったのは、李成桂であった。この新王朝が成立するや、李成桂は深刻なボタンのかけ違えを、いくつか犯した。

その結果は、「李氏朝鮮症候群」といえるような、癒しがたい宿痾《しゅくあ》に襲われることになる。ついに李朝末期に至って、あたかも癌が身体の隅々に転移するような状態に陥った。腐朽した老木は、倒れるほかなかったのである。

その症候群の第一は、仏教を禁じることによって棄てて儒教のなかでも最も原理主義的といわれる朱子学を国教として採用したことである。今日、韓国を訪れた外国人は、仏教の寺院が山奥に眠っているように存在するのを見るだろう。僧侶たちは、さまざまな迫害を受けて、市内に存在することができなかったからである。

さらに悪いことに、「事大主義」を掲げ、中国の属国に成り下がったことだった。自らを「小中華」と称し、中国に大いに事《つか》えようという考え方である。

その二は、両班《ヤンバン》制度と科挙の存在である。両班は高麗時代から存在した。東班（文官）と西班（武官）より成り、官僚層を形成した。科挙（官僚の登用試験）を受けて官僚となったが、しだいに特権化、世襲化していく。常民といわれる農民や、商人、手工業者にも、科挙の門戸が形のうえだけでは開かれてはいたが、実際には閉ざされているのと同じだった。

この結果として、階層の流動化が全く乏しく、社会が停滞して、活力が失われた。さらに李朝なかば過ぎになると、官職の売買が公然と行われるようになり、賄賂《わいろ》が横行した。貪官汚吏がはびこり、国家は朽ち果てていった。

国王と支配階級であった両班は、絶え間ない権力闘争に血道をあげるかたわら、農民を中心とした常民を徹底的に搾取し、国の経済が疲弊するのに、いささかも顧慮することなく、浪費と贅《ぜい》沢三昧《たくざんまい》に耽った。

その三は、上は国王から、下は地方官にいたるまで、血縁、地縁による閉鎖的なグループを形成したことである。わけても、李朝末期にみられる大院君と閔妃《みんぴ》の対立は、その典型的なものであろう。両派は親露派、親清派に分かれて、血で血を洗う抗争をつづけた。

時には、大院君や閔妃は、親日派にもなった。末期症状をさらに悪化させたのは、国王の高宗が愚昧で酒色に溺れ、国政をいっこうに顧みなかったことである。

そのうえ、欧米列強の圧力に対しても、何らの打つ手がなかった。逸速く近代化の必要性を感じて動き始めた開化派（金玉均、朴泳孝など）は、守旧派に抹殺されて、近代産業国家への芽は摘まれてしまうのである。李氏朝鮮は「出口なし」の状態に陥っていた。すでに国のかたちを失っていた。

李氏朝鮮は中国の属国であったために、武を軽んじたから、独立国として体裁を欠いていた。そこで国王や、両班はそれぞれ、清、露、日本の強大な隣国に取り入ることしか、考えなかった。

自主の邦としての気概を持つことが、まったくなかった。

日清、日露の両戦争に勝利を収めた日本が大韓帝国を支配下に収めたのは、歴史の必然であった。わが国の人々の多くは、日本統治が犯罪行為であったごとく力説するが、それは事実を知らぬ妄説にすぎないと、私は信ずる。あの時代を理性的に振り返ってみれば、いかに日本統治がわが国にとってプラスになったか、日本が真摯に朝鮮半島の近代化に努力したかを、読みとることができるだろう。


知日派の意見なので、異論もあるだろうが、明治四十三年（一九一〇）八月二十二日に日韓両国間で調印された「韓国併合に関する条約」によって日本が朝鮮を植民地化したのである。第一条には、韓国皇帝が朝鮮の地欧事件を日本国皇帝、天皇に譲与することが明記された。

韓国軍隊を解散させたが、これを不服として韓国軍の第一連隊、第二連隊が日本軍と戦闘に入ったが、一日で鎮圧された。続いて各地に配置されていた鎮衛隊が蜂起、これに対しソウル侵攻作戦が展開され、二年間で約八万人の兵が参戦したが、いずれも日本軍に鎮圧された。かくて朝鮮統治は日本軍部の主導で行われ、初代総督伊藤博文は辞任に追い込まれた。

伊藤はどちらかと言えば理想主義だった。が、韓国人の反日ナショナリズムを理解できず、韓国人から敵視されただけだった。そして安重根に狙撃され、異郷で命を落とした。

草の根の侵略

問題は多々あったが、韓国併合は比較的長く続いた。なぜか。

朝鮮問題の入門書として知られる高崎宗司著『植民地朝鮮の日本人』（岩波新書）には、

「日本による朝鮮侵略は、軍人たちによってのみ行なわれたわけではなかった。むしろ、名もない人々の『草の根の侵略』『草の根の植民地支配』によって支えられていたのである。その意味で、政治家や軍人たちによってそそのかされたとはいえ、日本の庶民が数多く朝鮮へ渡ったことは、日本の植民地支配の強靱性の根拠になった」

とあった。

「草の根の侵略」、それは意味深い言葉だった。たしかに日韓併合後の朝鮮における日本人の振る舞いは、決してほめられたものではなかったが、一部にはプラスの面もあった。

マイナスの面は日本人のおごりだった。

当時、朝鮮人を指し、日本人からこうした侮蔑の言葉がしばしば発せられた。

「おいヨボ！」

民芸運動の創始者、柳宗悦《やなぎむねよし》が妻と一緒に朝鮮を旅した。講演会と音楽会を朝鮮人に献げるために朝鮮へ渡ったのであった。

旅行中に柳は電車に乗った。そこで、柳は二人の日本人の暴言を聞いた。

その内の一人が、柳の右に座っていた老人の帽子をいきなり手につかんで、それを他の一人に指して、こう言った。

「中々うまく出来ている帽子だろう。馬の毛だ。よく見ろよ、こないだ死んだ王様の喪中だと云うんで今は白だが、ふだんはこれが黒いんだ。中々手ざわりがいいやね」

韓国人はいきなり日本人をにらみつけた。柳は、「かの老人の心が平和であるべきはずがなかった」と、紀行文に記述した。

泣いて抗議

東京の女子英学塾に通っていた韓国人の黄信徳は、京釜線の車中で、日本人の学生が朝鮮人の農夫を殴っているのを見た。

学生が一時空けていた席に老人が座ったというのが殴った理由であった。

「やめてください」

黄は泣いて抗議した。居合わせた日本の老人が学生を叱り、学生に代わって黄に謝った。

この本には、こうした様々な事例が書かれていた。

日本は京城帝国大や師範学校、中学校、高等女学校や病院を設置し、鉄道を建設し、鉱山も開発、日本人と朝鮮人の結婚も奨励したが、もともと違う民族である。一体化は無理だった。

光州抗日学生

姜在彦《カンジェオン》氏の『朝鮮近代史』（平凡社）は、日本人にとって手に入りやすく文章も読みやすい好著である。著者は一九二六年朝鮮生まれ、花園大学教授を務めた。

『朝鮮近代史』をひもとくと朝鮮民族は、その後も、激しく抵抗したことがわかる。

郵 便 は が き

お手数ですが
切手をお貼り
ください。

１０２－００７２
東京都千代田区飯田橋３－２－５
㈱ 現 代 書 館
「読者通信」係行

ご購入ありがとうございました。この「読者通信」は
今後の刊行計画の参考とさせていただきたく存じます。

お買い上げいただいた書籍のタイトル

ご購入書店名

書店　**都道府県**　**市区町村**

お名前《ふりがな》

〒
ご住所

TEL

Eメールアドレス

ご購読の新聞・雑誌等　**特になし**

上記をすべてご記入いただいた読者の方に、毎月抽選で
５名の方に図書券５００円分をプレゼントいたします。

本書のご感想及び、今後お読みになりたい企画がありましたらお書きください。

本書をお買い上げになった動機（複数回答可）

1. 新聞・雑誌広告（　　　　　　）2. 書評（　　　　　　）
3. 人に勧められて　4. SNS　5. 小社HP　6. 小社DM
7. 実物を書店で見て　8. テーマに興味　9. 著者に興味
10. タイトルに興味　11. 資料として
12. その他

ご記入いただいたご感想は「読者のご意見」として匿名でご紹介させていただく場合がございます。

※新規注文書↓（本を新たにご注文される場合のみご記入ください。）

書名　　　　冊	書名　　　　冊
書名　　　　冊	書名　　　　冊

ご指定書店名

書店　都道府県　市区町村

ご協力ありがとうございました。
なお、ご記入いただいたデータは小社での出版及びご案内やプレゼントをお送りする以外には絶対に使用いたしません。

一九二九年十月三十日、全羅南道羅州から光州に汽車通学する光州中学生（日本人）と光州高普生（朝鮮人）とのトラブルから学生運動が起こった。

日本人中学生福田修三らが光州女子高普生の朴己玉をからかったことから喧嘩となり、その従弟、朴準埰（光州高普生）との間で殴り合いとなり、十一月三日には日本人生徒と朝鮮人生徒との激突に発展した。その間、警察は朝鮮人生徒だけを検挙、起訴したため学生闘争指導本部が組織され、全国に闘争が広がった。

一九三〇年の年明けとともに、中央青年同盟をはじめ、各団体にたいする検挙の嵐が吹き荒れたが、第三波の学生運動は新学期の開校と同時に開城、咸輿からはじまり、一月十五日にソウルでは「市内男女十五学校　三千余名が万歳示威」（『朝鮮日報』一月十六日号）と報道されている。

第三波の学生運動は、各地の中等学校をはじめとして、私立専門学校から普通学校（小学校）を網羅した全国的運動に発展した。参加した学校数は百四十九校（初等学校五四校、中等学校九十一校、専門学校四校）で、参加した学生数は五万四千余名に達した。

言論、集会、結社、出版の自由、朝鮮人本位の教育制度の確立、植民地奴隷教育制度の撤廃などを叫んだが、学生の力及ばずで日本の官憲に抑え込まれてしまった。

国内だけではなく、北京、天津、アメリカ本土およびハワイ、シベリア沿海州などでも、国内運動に連動する支援活動があった。

このように光州抗日学生運動は、思想的および組織的に一九二〇年代における学生運動の一頂点を示すものだったが、成功は期しがたく、結局、尻つぼみに終わった。

元山ゼネスト

もう一つは元山《げんざん》ゼネストである。

元山ゼネストは、イギリス系資本のライジング・サン石油会社文坪製油所で、日本人現場監督が朝鮮人労働者に暴行をはたらいたことに抗議して、百二十余名の労働者が現場監督の罷免と同時に、最低賃金制の確立など五項目の要求を突きつけてストに入った。

会社側は九月二十八日にその要求を容れてストは一段落した。しかし会社側は約束を履行せず、文坪労組分会との団体交渉をも認めなかった。

やがて元山の全資本と全労働が対決するにいたった。警察側は労組の幹部にたいして検挙を繰り返し、新幹会や青年同盟が計画していた群衆大会を弾圧して開催できないようにした。

元山ゼネストに対しては国内の労組および各団体からの物的および精神的な支援と激励とがあったばかりでなく、日本でも日本労働組合関東地方協議会をはじめ各民主団体による関東無産者団体協議会が街頭で支援活動をおこない、神戸や小樽の港湾労働者たちも同情ストを行ったが、厳寒の季節までストが長びくにつれて、元山ストも中断においこまれた。

東アジアの近代

板垣竜太氏という朝鮮近現代史の研究者がいる。佐渡で生まれ東京大学で韓国・朝鮮文化を研究した。現在、同志社大学社会学部教授である。

その著書に『朝鮮近代の歴史民族誌――慶北尚州の植民地経験』（明石書店）がある。日韓併合について板垣は次のようにいう。

「王朝国家として長い歴史を有していた朝鮮は、帝国主義の圧力の中で、新たな国家体制へと転換しつつある途上で、大日本帝国によって国家の機能を奪われた。それは日本が交戦権を含む外交権を奪い、日本軍を駐留させる一方で、韓国国軍を解散させ、警察機構を掌握し、義兵闘争を武力で鎮圧するなど、一連の『上』からの暴力の再編過程に他ならない」

板垣氏はこのように規定しながらも、朝鮮民族の自主性が保たれていた部分もあったし、新たな社会事業を展開した人物もいたと、この本で指摘した。

劇場で興奮

『日韓併合の真実』を書いた崔基鎬氏は間違いなく日韓併合を一定評価する人物の一人だった。こんな一文を書いていた。

最近、韓国では、親日派という言葉をつかって政敵を糾弾する動きがあります。しかし、そもそもおかしいのは親日派という言葉です。戦前から東京にいた私は、年に一、二回はソウルとか当時の平壌に行きました。

その当時の韓国人は日本人以上の日本人です。劇場に行くと映画の前にニュースがありましたが、例えばニューギニアで日本が戦闘で勝利をおさめたという映像が流れると、拍手とか万歳が一斉に出ます。

私は劇場が好きで、日本でも浅草などに行って見ていましたが、韓国で見るような姿はごくわずかです。韓国ではほとんど全員が気違いのように喜びます。それは当時としてごく普通の姿ですから、特別に親日ということではありません。だから基本的に親日派という言葉はないのです。

（「武士道の覚醒と強い日本を願う」『漁火新聞』二〇〇四年十二月号）

この章の終わりに、マッカーサー元帥の後を受けて国連軍最高司令官に就任し、朝鮮戦争を戦ったリッジウェイ将軍の韓国論を紹介したい。将軍は『朝鮮戦争』（熊谷正巳・秦恒彦共訳、恒文社）と題する作品を残していた。リッジウェイは冒頭でこう書いた。

朝鮮は、日本海のすぐ近くを北から南へ走っている太白《テペク》山脈の稜線により、地勢的に二つに分割されているが、全体として、地理的、戦略的、経済的、人種的に単一の存在であり、人間の手足が身体に必要不可分であるように、ある地域は他のすべての地域に対して必要であった。

三十八度線における朝鮮の分割は、ほぼ偶然の出来事であり、単なる軍事的便宜にすぎず、戦史研究家にとっては、さほどの重要性をもたなかったので、だれが最初にそれを提案したのか、今日確信をもって言える者はいない（中略）。

長さ六百マイルの朝鮮半島は、小さく太い親指のようにアジア大陸から突き出ている。それは日本の四つの大きな島のうちの最南端である九州をまっすぐに指向し、せまい対馬海峡を通って侵略を相互に繰り返した。
歩兵のすべての苦悩は、深い雪、ねばっこい泥、激しい夏の雨、ひどいほこりであった。しかしまた稲の成長期には、はっとする思いがするほどの豊かな緑も見られる。

これは軍人の文章というよりは、紀行作家のようなタッチであった。北爆を主張してトルーマン大統領から罷免されたマッカーサー将軍の記述であったなら、生々しい戦闘の場面から記述したに違いない。

将軍が皆そうであるようにリッジウェイも米陸軍士官学校を卒業した職業軍人だったが、晩年、米政府のインドシナ介入に反対して軍を退職、ベトナム戦争にも反対したハト派の人物だった。

リッジウェイが見た朝鮮は貧しい国だった。

南部と北部の違いについて、リッジウェイは大要こう述べていた。

南部の低地では、自然の遮蔽《しゃへい》物である草木は、ずっと以前に燃料や食糧、飼料として刈り取られたので、今では目に入る樹木は、いじけて曲がりくねった低い灌木の茂みだけだった。
北朝鮮軍が潜む北部の森林は歩行する敵には素晴らしい場所となる。隠れ場所だった。北朝鮮の軍隊はソビエトの支援を受け重砲や戦車、自動火器、約四十機の戦闘機、七十機の爆撃機ほか全部で約百八十機の飛行機を保有、歩兵八個師団、一個機甲旅団、国境警備隊五個旅団等あわせて十三万五千人の兵力をもっていた。

支援する中国軍は厳しい気候や食糧不足に耐えられる訓練を積んでおり、重火器も少ないにもかかわらず戦術的展開、潜伏が巧みだった。

これに対して韓国軍には重砲も戦車も対戦車砲も空軍もなかった。戦争を継続する状態ではなく米軍にも限界があった。結局、米軍は北朝鮮軍と中国軍に翻弄され続け、朝鮮戦争は、三十八度線で引き分ける形で終わった。

あと一歩、力不足

リッジウェイ将軍は、韓国軍がなぜそんなに弱かったのか、それが不思議だった。日本の植民地時代、朝鮮人にとり軍隊はタブーだった。その影響が大きかったろうが、北朝鮮が軍備を増強していることは、わかっているはずだった。だがそれに対する対応策はゼロに等しかった。

日露戦争の後に、日本が朝鮮を保護国としたとき、米国のセオドア・ルーズベルト大統領は、「朝鮮は自国の防衛のために敵（日本）に対して一撃さえ加えなかった」と朝鮮を論評した。

第一次大戦のあと、あらゆる民族に自決権があるとするウィルソン宣言が出されたとき、朝鮮でもナショナリズムの高揚があった。

男たちは秘密裡に会合し、独立宣言文書を印刷し、女子学生は長い袖の下に秘密の独立宣言文を隠して村から村へ歩いた。

南北を問わず数百の村々で、数万の男女たちが日本からの解放を計画し、李承晩ら三十三人が桂城の名月館で声高く独立宣言文を読み上げ、数百万の民衆が道路に出た。しかし日本の警察に抑え込まれ、数千人が殺害され、独立の願望は実らなかった。

リッジウェイ将軍は、朝鮮民族はあと一歩の力がないということを言外ににじませた。日本人だったら恐らく武器をとって戦ったはずだが、朝鮮人はじっと耐えた。

結局、朝鮮民族は武器を取って戦うことはせず、日本の植民地政策に結果として追随する結果に終わったというのが、リッジウェイの感想だった。

金日成の策謀

日本は海に囲まれた単一国家だが、朝鮮は二つに分断されていた。これが問題を複雑化していた。

朝鮮戦争について、巷間、言われてきたことはアメリカの策謀だった。しかし、それは違っていた。それを調べ上げたのが、日本共産党の機関紙『赤旗』の記者、萩原遼氏だった。

萩原氏はアメリカの国立公文資料館に保存されている総ページ数およそ百六十万ページに及ぶ関係資料を二年半の歳月をかけて通覧し、朝鮮人民軍第六師団の詳細な南進計画書をはじめ人民軍総参謀部の極秘の命令や北朝鮮側の文書を読むことができた。

そこで明らかになったことは、北朝鮮が用意周到な準備によって戦争を始めたという驚くべき事実だった。萩原氏の原稿は『朝鮮戦争——金日成とマッカーサーの陰謀』と題して文藝春秋から発刊され、大きな話題を呼んだ。

なぜマッカーサーがサブタイトルに入ったのか。それはマッカーサーが北朝鮮の計画を事前に知っており、攻撃のチャンスを狙っていたからだった。これも驚きだった。

日本の陸士卒

韓国国民の中に日中戦争や太平洋戦争中、日本軍の高級幹部になり、活躍した人物もいた。千名の日本人部下を指揮する大隊長、金錫源《キムソクウォン》は日本の陸軍士官学校の卒業生だった。

朴槿恵《パククネ》現大統領の父、朴正熙《パクチョンヒ》元大統領もその一人だった。朝鮮の師範学校を経て学校教師となったが、軍人を志して満州国軍官学校に入校した。そこから日本の陸軍士官学校に留学した。卒業後は満州国軍第八師団に入隊、ソ連軍との戦闘に加わり、内モンゴルで終戦を迎えた。

現大統領は父親とは一線を画しているが、一宿一飯の義理ということもある。胸襟を開いて、話し合いができないものだろうか。

第十二章　国境問題

対馬の様相

対馬を国境問題としてとらえる手法もある。

その一つに北海道大学スラブ研究センターの研究手法がある。岩下明裕同大教授は『日本の「国境問題」――現場から考える』（別冊『環』十九号、藤原書店）を編集、問題を提起した。岩下教授は『北方領土問題』（中公新書）で、大佛次郎論壇賞も受けている。対馬についてこう論述する。

対馬は神話として日本書紀にも描かれ、早い段階から日本国家の防人の島と位置づけられ、元寇をはじめとするいわゆる「国難」の前線に立っていたことを自負する。

島の様相は九州の「田舎」であり、そこから日本国家そのものを問い直す契機はあまり見いだせない。しかし他方で韓国人との交流にも違和感をもたず、日本の国境の島としてあるべき自然な姿が見いだせる。

また対馬周辺の海域は、日本の西側の海域で大陸棚も含めてただ一つの境界が確定している場所である。

福岡・釜山の『超広域経済圏』構想の展開も含めて、日本における国境交流の先進地であり、欧米の経験を学ぼうとする意欲であふれている。翻って、この国境地域の発展は日本の他地域の交流のモデルとなりうる。

対馬に関して問題点を挙げるとすれば、福岡・釜山間の活発な交流が島を素通りしていること、対馬に訪れる日本人観光客が少なく、韓国人のみが大勢訪れるというバランスの悪さにある。

対馬が欧米の経験を学ぼうとする意欲にあふれているかどうかについては分からないが、他国とどう交流をするか、北方四島が、なかなか日本に戻らない現状からすれば、異国との交流の実験場として、これほど恵まれた場所はない。

カメラを持ったやじ馬

対馬も離島でもある。

報道写真家山本皓一氏の『国境の島が危ない』（飛鳥新社）は迫力に富んだ作品である。山本氏は尖閣、与那国、対馬、竹島、南鳥島、沖ノ鳥島、択捉、国後を探訪している。

香川県生まれ。日本大学芸術学部写真学科を卒業後、アメリカに渡り修行した。

出版社の雑誌写真記者を経てフリーランスのフォト・ジャーナリストとなり、世界の国々のルポルタージュや、湾岸戦争、ドイツ統一、ソ連崩壊など国際事件をカバーし、作品を国内外の紙誌で発表してきた。

シベリアやパタゴニア、チベットなど秘境の取材も数多いが、最近は朝鮮半島の三十八度線ルポや中国・長江三峡ダムの定点観測取材に取り組んでいる。

「カメラを持ったやじ馬」が身上で、訪れた世界の国々は百二十カ国を数えるとネットに記されている。一度、お目にかかりたいと思うが、まだその機会はない。

釜山から入る

山本氏は釜山から高速船で対馬に入っている。

待合室は一時間前から人があふれ、定員四百人の座席はあっという間に売れていた。出国審査はいたって簡単だった。荷物検査もほとんどなく、待合室に入ると、派手な原色の服をまとったおばさんや、若い女性が、免税店に群がっていた。

一時間半ほどで対馬が見え、さらに島影にそって一時間、厳原港についた。

比田勝港で降りると一時間半だが、厳原港まで来ると二時間半の船旅になる。

山本氏は島の不動産関係者に取材。それから海上自衛隊対馬防備隊の基地に隣接する高台三千坪が韓国資本に買収されていることを突き止め、防衛上支障が出る恐れがあると警告を発した。政府はこうした問題に真摯に対応する必要があるはずなのに、一向に対応策は聞こえてこない。

国も国なら国民にも危機意識がない。

警備員から一喝

私も苦い思い出がある。数年前に日本大学大学院の研修旅行で韓国を訪ねたとき、ソウル近郊の人道橋を見学した。そのとき、事件が起こった。

私たちは早速、人道橋に近より撮影をはじめた。すると橋を見張る詰所から拳銃を所持した警備員が駆けつけて、

「立ち入り禁止だっ」

と一喝した。たしか腰に拳銃があった。

日本人の感覚からすると、たかが橋と思いがちだが、戦争が起こった場合、橋が破壊されると、漢江をはさんだ二つの地域は分断される。

北朝鮮軍が北緯三十八度線を突破し、朝鮮戦争が始まったのは、一九五〇年六月二十五日である。北朝鮮軍の奇襲に韓国軍は劣勢だった。韓国政府は非常閣僚会議で、ソウルを捨てて南にある水原への遷都を決め、李承晩《イスンマン》大統領はさらに南の大田に逃れた。ラジオは、

「国連軍が助けてくれるから安心しろ」

と大統領の肉声を放送し続けたが、韓国軍は北朝鮮の南進を少しでも遅らせるため、ソウルを東西に流れる漢江の人道橋を爆破した。

爆破当時の人道橋には避難民が多数いた。

それにもかかわらず爆破したので、橋を渡っていた数百人から千人の市民が吹き飛ばされ命を落と

したといわれている。

戦後、爆破の責任者が死刑になった。

平時でもゲリラが橋を爆破するかもしれない。北朝鮮と対峙している韓国である。防衛に関してナーバスになるのは当然だった。その意識が我々にはなかった。

恥じ入った次第であった。

漢江にかかる人道橋

中国北東部を旅したとき、バスの中から軍事施設にカメラを向けたところ、監視員の目に留まった。バスは止められ、何人かの日本人がフィルムを抜き取られた。
漢江ではフィルムの没収はなかったが、諸外国は軍の施設の管理は厳重である。日本にはそうした感覚がみじんもなく、無防備極まりないのが実態なのだ。
イスラム国に日本人二人が処刑された。どこかに誤算はなかったのか。冷静な分析が必要だろう。

監視体制ゼロ

対馬の場合は全く自由である。

自由というよりは監視体制ゼロである。

自衛隊の施設の隣に韓国人のためのリゾート施設があり、

韓国人が頻繁に出入りしている。施設の前に毎日のように大型バスが止まり、韓国人旅行者が乗り降りする。

韓国人たちは自衛隊施設に掲げられている日の丸を横目に見ながらホテルへと向かう。

自衛隊の敷地を隔てる金網のフェンスには「ここは海上自衛隊の施設です。立入禁止。写真撮影禁止」と日本語とハングル文字で書かれているが別に監視員がいるわけではない。

対馬市美津島町竹敷地区は、かつて海軍の水雷艇の出撃拠点があった。

入江が入り組んでいるため波が穏やかであり、さらに外部から見えにくい場所に位置している。水深が深く船の停泊に適している。

山本氏は自衛隊の司令に同行してもらい、抜き打ちでツシマリゾートを訪ねた。管理人は、

「勝手に見てください」

ということだった。何ら歯止めがない現状を、

「悔しい、情けない」

と山本氏は記述した。

対馬の北東部・対馬市上県町の森林約二百六十万平方メートルが売りに出されていた。この森林は「ツシマヤマネコ」の生息地だった。

日本という国には、これといった規制はないのだ。現在の日本の土地取引制度では、土地の売買に規制を設けることは難しい。

山本氏は大いに心配するが、どうにもならない。情けない話である。これが日本の実態なのだ。

私は山本氏に電話をして、対馬で討論会を開けないだろうかと相談した。

「いいですねえー」

山本氏は賛意を示してくださった。なんとか実現したいものだ。

誰も帰らない

一体、対馬の未来をどう考えたらいいのか。対馬には大学もないし、仕事がないこともあって、若い人は高校を出るとすぐ東京、大阪、福岡などの大都市に出てしまう。望郷の思いは強く、各地に対馬会があり、活発に交流している。

私は過日、東京対馬会の幹部の方々に会って、日韓問題について聞いてみた。

「我々は韓国の方の知り合いも多いし、小中学校には同級生もいた。韓国には特別な親近感を抱いている。対立はしたくない。すべきでもない。ただ対馬には仕事がない。どうしても本土に出てくることになる。親が元気なうちは、家を守ってくれるが、親がなくなれば、家は空き家になる。それが韓国の方の手に渡ってしまう。これは防ぎようがない」

というのが、最大公約数の発言だった。働く場所が少ないのだ。韓国からの観光客に依存するしか方法はないのか。これでは困る。対馬をもう一度、見直すことから始めるしかないと、私は思った。

帰りたいけど帰れない

「みなさん、いつか対馬に帰られるんですか」

私は聞いてみた。

男性陣は誰もが無言だった。

女性の一人が、

「帰りたいわねえ」

と、おっしゃった。

「対馬には両親がいます。二人で頑張るといっています。親が亡くなったとき、家はだれも住む人がいなくなる。日本人は誰も買わないので、韓国人に売ることになるかもしれませんな」

一人がぽつりといった。

「離島の場合、過疎化阻止を国が考えるべきではないのかな」

私は率直な感想を皆さんに求めた。

「国の対策です」

皆さんの意見は一致していた。

第十三章　神々の島

対馬名誉市民証

本題の対馬にもどる。

私が対馬に出かけた目的は、いくつかあったが、対馬学の大家、永留久恵《ながどめひさえ》さんにお会いすることもその一つだった。永留さんは大正九年（一九二〇）、対馬市上県町生まれ、九十三歳であった。残念なことに四月に亡くなられた。小・中学校の教員を務め、昭和五十一年（一九七六）三月に対馬の雞知《けち》中学校校長で退職した。

その間、対馬の歴史や民俗調査に取り組み東亜考古学会の対馬調査をはじめ、「九学会連合対馬共同研究」に協力し、学術調査の方法を学び、対馬文化財調査委員会を結成、『新対馬島誌』、『対馬国誌』の編纂に加わり執筆にも当たった。

大作『対馬国誌』全三巻はその集大成である。それらの功績で対馬名誉市民証を受けた。

それだけではない。永留さんは、太平洋戦争の歴戦の勇士でもあった。真珠湾攻撃とミッドウェー海戦に従軍、地獄の戦闘を体験し、幸運にも帰国した方だった。

二つの戦争を体験された方は、極めて少なくなっているに違いない。

永留さんの自宅は厳原町の中心地、坂道の中腹にあった。

ぎっしり本が並んだ書斎で、私は永留さんに太平洋戦争、そして終戦、それからいかにして対馬の研究に没頭するに至ったかを聞いた。

永留さんは長崎師範学校を卒業してすぐ徴兵検査を受けて海軍に入り、佐世保海兵団に入団した。三カ月の新兵教育を受け、六月末に連合艦隊の戦艦霧島に配属された。

総員千五百人、主砲の砲撃を担当する第八分隊が持ち場だった。日々、月月火水木金金の猛訓練だった。いよいよ開戦と決まり、ハワイ攻撃に参戦した。

「皇国ノ興廃コノ一戦ニアリ」

の信号旗が艦橋の上に掲げられ六隻の空母から戦闘機隊、急降下爆撃隊、水平爆撃隊、雷撃隊が次々と空母を発進、大編隊を組みハワイに向かった。出撃場面は、永留さんの脳裏に深く刻まれ、生涯忘れられない光景となった。ハワイ攻撃は大成功だった。しかし敵の空母はハワイにおらず、無傷だった。これが日本の命とりとなる。

ミッドウェー海戦

米空母から発艦した爆撃機が東京を空襲した。連合艦隊司令長官山本五十六は、アメリカ機動部隊との決戦に出た。それがミッドウェー海戦である。

日本海軍の索敵が不十分で、敵機動部隊を発見できず、出撃しなかったと判断してしまい、ミッドウェー島の攻撃を行った。永留さんはこのとき、空母飛龍に乗っていた。

そのさなかに敵機動部隊発見の知らせが入った。爆撃機は皆、爆弾を積んでいた。だが敵空母を攻撃するのは魚雷でなければならない。

南雲司令長官は、そう判断し、爆弾を魚雷に積み替えるよう命じた。四隻の空母は大混乱に陥った。ミッドウェー島から帰還する飛行機が着艦を求めている。燃料が切れかかっている。

南雲長官には、修羅場での頭の切り替えがなかった。雷撃機にこだわらず、爆撃機を即座に発艦させるべきだった。

永留さんが乗る飛龍には、司令官の山口多聞《やまぐちたもん》少将が乗っていた。山口司令官は爆弾のまま発艦を求めたが、南雲司令長官はこれを拒否、あくまでも魚雷による攻撃にこだわった。

最初の攻撃機は戦闘機の活躍で撃退したが、続いて襲来した敵の大編隊の攻撃で、空母赤城・加賀・蒼龍が被弾して炎上した。山口司令官は即座に飛龍から爆撃機を発艦させ、敵艦隊の攻撃に向かったが、やがて飛龍にも敵機が襲来、懸命に回避したが避けきれなかった。

飛龍も被弾

ドカーンという音がして、艦体がぐらぐらと揺れ、一瞬電灯が消え、天井や壁が飛び散った。やがて飛行甲板が大破して、格納庫は火の海となり、艦はどんどん傾き、ついに総員退艦となった。艦長と司令官が、艦橋下に用意された縁台に立ち、訓示した。

諸子は乗艦以来、ハワイ空襲その他に於いて、勿論今日の攻撃に当たっても、最後まで、実によくその職を尽くしてくれた。皇国海軍軍人たるの本分を遺憾なからしめてくれた。艦長として最大の満足を感ずると共に、実に感謝に堪えない。改めて礼を言う。ただ、共に今日の戦いに臨みながら、共に唯今ここで相見ることのできない幾多戦友の英霊には、多感云い表せないものを覚える。同時にその尊い赤子を多く失ったことを、陛下を始め奉り一般国民に対し深くお詫び申し上げる。

戦は正にこれからだ。（中略）諸子も一層奮励して敵を撃滅し尽くさずんば止まじの魂をいよいよ鍛えてくれ。切に、諸子の奮闘を祈る。では唯今より総員の退艦を命ずる。

皆涙して艦長訓辞を聞いた。続いて山口司令官が訓辞した。

唯今の艦長の訓辞に総てが尽くされたと思う。私からはもう何も述べることはない。お互いに皇国に生まれて、この会心の一戦に逢い、いささか本分を尽くし得た歓びあるのみだ。皆と共に、宮城を遙拝して、天皇陛下万歳を唱え奉りたい。

と訓示し、皇居遙拝、天皇陛下万歳が三唱され、信号兵が吹く「君が代」吹奏に合わせて軍艦旗が降ろされた。

副長より退艦の順序を指示、両舷に接舷している駆逐艦風雲と巻雲に、負傷兵を最初に降ろし、次に他艦の乗員、後は第一分隊から順に縄ばしごを降り、整然と移乗した。空母の飛行甲板は高いので、縄ばしごが無理な負傷兵を、担架で巻いて、命綱で縛って下ろす姿が痛々しかった。

その後、日本軍は幾多の戦場で惨敗を重ね、最後は原爆を投下され、無条件降伏した。

靖国神社

永留さんは、敗戦に大きなショックを受け、日々、夜も眠れなかった。いろいろな雑念のなかに、「死」も一つの選択肢であった。しかし、そのとき脳裡に浮かんだのは、

「お国のために、もう一度お役に立て」

という飛龍の加来艦長の言葉だった。

永留さんは上京したとき、靖国神社に参詣し、

「僕はまだ元気で、お国のためになる仕事に励んでいます」

と報告した。そのときから永留さんの心は安らかになった。

対馬で小学校、中学校の教員をしながら対馬の歴史や民俗の研究に没頭した。対馬に作家や研究者が来たとき、案内するのは、いつも永留さんだった。

司馬遼太郎が『街道をゆく』の取材に来たとき、司馬を案内したのも永留さんだった。昭和四十年代のことである。総勢九人、小型バスで島を巡った。

山国

司馬は随分、対馬に関する文献を読んでいたようで、神社仏閣から対馬人の体型に至るまで、様々なことをよく知っていた。

「山ですねえ」

司馬が言った。

「対馬は来てみれば大山国《おおやまぐに》だったという意味の句が虚子《きょし》先生にあります」

と永留さんが言った。

司馬は『壱岐・対馬の道』（朝日文庫）で、

「山は、樹々を肥えらせようもない岩山で、どの木も痩せている。たいていの岩が自然のまま横に割れており、ときに岩肌が茶色っぽい瓦を無数に積み上げたようにして露出している。水田はほとんど見られない。たまに入江ともいえない海岸の切れ込みに、小さな田が何枚かつくられているのを見るが、それも厳密には水田の遺跡であった。休耕して何年にもなるのか、枯草の上にさらに新たな〝むぐら〟がおおいかぶさっているのである」

と書いていた。

「むぐら」とは雑草である。

蒙古襲来

司馬は、蒙古襲来のことを永留さんに聞いた。蒙古襲来は予期されていたことだった。しかし鎌倉幕府は無視し続けた。蒙古軍の船が着いたのは西海岸の佐須浦だった。対馬島主の宗助国は、一族郎党わずか八十騎で東海岸の厳原から出兵した。これが一般的な通説である。私も、この説に従って蒙古襲来を書いたが、最近、疑問視する学説が発表された。このことは後書きで触れる。

「助国らが死ななければ、宗氏はどうだったでしょうか」

と司馬がつぶやいた。

このときの武勇が認められ、宗氏は代々、対馬島主の地位にあった。

「つづかなかったでしょう」

と永留さんは答えた。

やがてバスは、山道をがたがた回ってやっと鶏知《けち》に着いた。川が流れている。鶏知川である。

「永留さんは、ここの中学校長だったのでしょう」

司馬が水を向けた。

鶏知は対馬の豪族阿比留《あびる》氏の本拠地だった。阿比留氏は平安初期から鎌倉期まで大宰府の在庁官人として対馬を治めた官人だった。ここには前方後円墳もあり、かつて豪族がいたことを示していた。

「はい」

と永留さんが答えた。永留さんのルーツは、阿比留氏と関係があることは間違いなかった。それからバスは、浅茅湾にはいり「大船越」の堀切を見て回った。

司馬遼太郎という作家は博学多才で、どんどんどんどん夢が広がってゆく人だった。

「佐須奈に朝鮮が自国の朝鮮館を設けていれば日朝文化の上で面白い現象がおこったでしょう」

司馬が言った。これは興味深い話だった。

基層文化

永留さんは実に多くの作品を世に送りだしている。論文の一つに「年中行事の供物と山島（対馬）の基層文化」（『えとのす』第三十号、新日本教育図書）という論文がある。

永留さんは、この中で対馬文化の基本は山と海だと論じた。

現在の水田は多くが近世以降に開かれたもので、中世以前のものはいかほどもない。島では、農作業に出かけることを「山に行く」といった。陸の労働の場が山であったのに対して、海の労働には「磯」と「沖」があって、陸から磯物を採ることを「磯に行く」といい、船で出かけることを「沖に行く」といった。

このように、山と海で成り立った島の世界に、山幸彦《やまさちひこ》と海幸彦《うみさちひこ》型の伝説が語られた。

対馬の人々の生活の場は、長い間、海辺だった。墓地は海辺にあり、埋葬に使用されたのはほとんど箱式石棺だった。箱式石棺には海の彼方に往生する願望が込められていた。

対馬はどこに行っても信仰心が篤く、対馬の各家の台所の一隅には神棚があって、稲の穂や、栗、麦などが供えられていた。

文化史の十字路

永留さんは対馬を文化史の十字路と考えていた。もっとも太い流れは朝鮮半島と対馬を結ぶルート、これを縦線で、中国から東シナ海をへて流れ着くルートを横線と考えた。

沖縄の南方で東シナ海に入り、五島と済州島の間を通って、対馬海峡を抜け、日本海に入るこの暖流は、対馬の海辺に椰子の実を漂着させた。

東シナ海を筏《いかだ》か丸木舟で漂流しても、逆風でなければ対馬に漂着する可能性が強かった。永留さんが子供の頃、沖縄の漁師が丸木舟に乗って対馬まで漁に来ていた。季節の魚群を追って来たのである。

中世の頃、対馬の船は琉球まで交易に出かけていた。

これは何を意味するかと言えば、対馬は朝鮮半島と東南アジアの交差点であったということになる。

「そうか、すごいな」

と私は思った。

邪馬台国の時代、日本には三十の部族集団が存在し、それは朝鮮系、中国系、南方系、様々の部族に分かれていたといわれている。言葉も当然のことながら中国語、高句麗語、百済語、琉球語とバラバラに分かれていた。それを統一して日本国が誕生することになるのだが、対馬はその創世記から重要な役をになっていたといえた。

テンドウ信仰

対馬には天道信仰も強く残っていた。南の豆酘《つつ》と北の佐護《さご》には天道山があり、そこには男岩と女岩があり、仰ぎ見ると男岩の頂上は男根の形をし、女岩は下部に亀裂があった。子孫繁栄こそが未来につながることであった。

天道信仰は穀物信仰でもあり、季節によってお供え物が変わった。夏は旧暦六月初めにヤクマと称したお祭りがあった。祭場は積み石の塔が建っており、毎年、あらたに小石を積む集落もあった。塔の正面に小麦、大麦の穂、豌豆を備え、麦酒と小魚、夏は団子、冬は餅を備えた。これで各地に積み石の塔があるのが理解できた。

詣り墓としてのカラムショ(上)と天童女神坐像(下)。『えとのす』(新日本教育図書)30号より

「こうした祈りを途切らせず、今日まで続けてきたことに意義がある」

と永留さんは語った。

両墓制

対馬には、かつて両墓制という風習があった。同じ村に景観が全く異なる墓が二か所あった。一つは死者が埋葬された墓、一つは埋葬地とは無関係な場所に石塔のみを建てた祭場としての墓地である。どうしてこのような両墓制ができたのか。

最初にこれを論じたのは幕末の対馬藩士中川延良《なかがわえんりょう》だった。『楽郊《らくこう》紀聞《きぶん》』という全十三巻の聞書集を編纂しており、東洋文庫に収録されている。私も購入して手元に置いたが、さすがは地獄耳の延良である。両墓制について大要、次のように論究していた。

青海《おうみ》村は、人死すれば海べたの石原に葬る。それも小石のおびただしくある所にて土は少しもなし。その小石をかきのけ、穴を穿ちて葬るなり。さて上より又小石を以て、只埋みにうづみて、取立石の様にして置く。

広き場所にてもなければ、多くは皆古穴なり。末だ古き骸骨《がいこつ》の残りて有に取当りても古骨に成たれば、それを傍らにせぎのけて、又葬る。

古骨に逢ひても、けがらわしいとも、悲しとも思はず。昔よりかくの如くなれば、誰れが墓という事もかつて知れず。今葬りたる所の立石の上に、古苫《ことま》など一枚上げ置けば丁寧なる体《てい》にて人別することもなし。

さて葬りし後は、その家の者も顧みることもせず。実に野に捨しよりは、埋め置だけがましなれ共、実は捨たる也。

浪打際より、石垣なども築たる内なれば、常は潮水は来らず。大波の時などは、洗い流しもすべし。

さて別に寺の内に、家々の分、場所の定りありて、五輪塔ほどの石塔を作て、水祭所を作り置く也。盆、彼岸も年忌《ねんき》も、皆その所にて拝み、香華を手向る事は、常の墓所の如し。

とあった。これは極めて注目すべき論考だった。

現代語に翻訳すれば、

「かつて青海の人々は海岸を埋葬地にしていた。しかも石だらけの所だった。月はじめに死んだ人は入口の方に、月末の死者は川端に近い所を掘り起こして埋葬したということだった深く埋葬したわけではなかった。大波が来れば、人骨は波に洗われ、外洋に流れでていった」

というのだった。今日の散骨の様な感じだった。決して理に適っていないことではなかった。以前、対馬ではチヌを食べない慣習があった。チヌとは黒鯛である。その理由の一つはチヌは海底の汚物を食べているからということだった。汚物とは海岸墓地から流出した遺骨などを指した。いぶし銀の体色と、タイに比べ精悍な顔つきが特徴だ。

集落の人々は、人間の魂ははるか海の彼方から満ち潮に乗って里帰りすると信じていた。里帰りする場所は村の入り口にある岬の先端部で、その場所を住民は「寄神《よりがみ》」と呼んでいた。対馬の風景写真を見ると、岬の先端に遺志を積み上げた塔がある。これぞ魂が帰る道しるべであろう。人々は寄り神に家内安全や五穀豊穣を祈った。

また寺の背後の傾斜地にカラムショと呼ぶ詣り墓を建てた。ここには遺体はなく、集落に近く、訪れやすい場所だった。日常、人々はここにお詣りした。これが両墓制だった。

桜井徳太郎

著名な民俗学者、桜井徳太郎も対馬で両墓制を調べていた。桜井は大正六年新潟県生まれ、東京文理科大を卒業して東京高等師範学校助教授などをへて、東京教育大教授、駒沢大学学長を歴任した。

昭和四十九年夏、日韓両国の民俗学者が対馬を調査した際、対馬を訪ね、上対馬の西泊《にしどまり》地区を調査した桜井は上対馬町西泊の西福寺を詳しく調べた。

寺から五十メートルほど離れた権現山の中腹に墓地があった。その墓には遺体が埋葬されていた。桜井はここをホンバカ（本墓）と名づけた。

それから集落の近くに神社があり、その近くに能理刀《のりと》神社があり、神社と西福寺の境目のところに、もう一つ墓地があった。そこは死体の埋葬されていないカラバカだった。

集落の人々はミズマツリバカと呼んでいた。墓誌銘を調べてみると、一番新しいのが明治二十五年、古いのが寛政五年で、もっと古いものがあるようだったが、碑面の文字が風化のため摩滅して、読めなかった。

村の人たちは、旧暦の七月七日から十日にかけ山へ行き、コウバナあるいはキシャカキなどのボンバナ（盆花）をとってくる。そして、墓を掃除し、同時にカラバカに出かけお参りをしていた。カラバカのおかげで、集落の人々は日常的に先祖の霊に接することができた。

記念講演

桜井は対馬郷土研究会の要請で、厳原公民館で講演した。対馬郷土研究会では、その時の講演を録音し、『対馬風土記』第十二号に掲載した。

桜井には『日本民間信仰論』（弘文堂）、『民間信仰と現代社会』（評論社）などの作品があり、民間信仰、シャーマニズム研究で第一回柳田国男賞を受けており、対馬探訪の記録は貴重な文献となった。

朝鮮半島にも存在

桜井は朝鮮半島の調査も行っていた。その結果、韓国南部の全羅《ぜんら》道と慶尚《けいしょう》道の海岸に同じスタイルの墓があった。この地域では死人が出ると、三日間は家の中において、次に集落のはずれのちょっとした山の麓に仮埋葬する。

韓国では風水《ふうすい》思想が非常に発達しており、この地域では風水の原理にあわせて、ホンバカの地を選んでいた。

風水師に、どこが一番いいかを決めてもらい、自分の持ち山であろうと他人の所有地であろうと、おかまいなく風水に一番かなった所に埋葬していた。

その場合、三年とか七年とか、場合によっては二十年、三十年、五十年くらいそのまま仮埋葬しておいて、それからホンバカに移す場合もあった。七十年、八十年あるいは百年というケースもあった。

さて、いよいよ候補地が見つかってそこに葬りなおすという場合にどうするか。

仮墓では木を組んだ台に棺をすえ、薦をかけておくだけなので、年月が経つと遺体は腐肉が落ちて骨だけになる。本埋葬するときは骨をきれいに洗い（洗骨）、チルソンパン（七星板）という板の上に頭から首、胴体、手足の順に並べる。そして朝鮮紙でおおい、絹糸で結んだ。

そして僧を招いて葬式をし、それを墓（廟）に葬るのだった。以前、日本人はこのような形で死者を葬ってきたのではないかと、桜井は考えた。

巫女の存在

古代国家では戦争や政治上の決断を迫られた場合、必ず神に仕えている巫女《みこ》に神懸りをさせ、その声を聞いて判断した。

巫女の役割は古代の国家では極めて大きな意味をもっていた。

今年の稲作は早稲がいいのか、なかてがいいのか、晩稲がいいのかを決めなければならない。蚕は春蚕がいいのか、夏蚕がいいのか、秋蚕がいいのか、このことを神から教えてもらう必要があった。

対馬にも各地に巫女がいた。対馬の美津島町今里では戦前までは、祈祷や口寄せなども行っていた。

今年は早稲がいいとか、七月に大雨が降る、九月には台風がある。三月には大火事があるというような警告を発することもあった。

村人たちは、これを神のお告げとして心におさめ、あるいはメモに書き取って、家の神棚にそれを貼り付け注意した。

ぴょんぴょんはねる

桜井は山形県の米沢市の郊外の村で極めて注目すべきことに出くわした。

神主が祝詞を読んでいる時に、突然村の人に神がのりうつって、ぴょんぴょんはねだした。ぴょんぴょんはねるところから、村の人は「ウマ」と呼んでいた。

すると村人たちはその人をとりまいて村の運勢を訊いた。すると、その人は訊かれたことに対して、いいとかわるいとか、あまりよくないとか、まあ中くらいであろうとか答えた。

また結婚話があるが、この話はすすめた方がいいか、あるいはやめた方がいいのか、あるいは家を建てようと思うが、今年建てた方がいいのか、来年がいいのか、というようなことも聞いた。これは一般的にシャーマンともいわれる。

アジアに分布

朝鮮半島には日本など比較にならない程各地に巫女がいた。韓国ではムーダン（巫堂）といい、かつて家のこと村のことすべてをムーダンがしきっていた。

シャーマンは日本、韓国、薩南諸島から奄美諸島にいたるまで認められ、さらには中国の商の方、東南アジアすなわち、ベトナム・タイ・カンボジアなどまで広く分布していた。巫女はどんな人がなり、どんなことをするのか。

韓国の民俗学者崔吉城《チェキルソン》氏の『朝鮮の祭りと巫俗』（第一書房）に詳しい記述があった。崔氏は国立ソウル大学から東京の成城大学大学院に学び、日本常民文化を研究された方で、桜井の指導も受けていた。

『朝鮮の祭りと巫俗』によると、韓国の場合、巫女になるには、いくつかの基本的な条件があった。まず巫病《ふびょう》になる必要があった。体が弱くなり心身ともに苦痛を覚え、時おり夢のなかで神像を見たり、幻覚、幻視、幻聴があって、並の病気ではなく、神が取り付いた巫病であると誰しもが認めるようになることが前提条件だった。

そうなると巫女が診察し、巫病と分かると、神堂に入り、巫女の修行を始める。医者にかかると神の怒りを買い、病気が重くなるか死ぬこともあるので、医者にはかからなかった。

現代医学では、病的なものと見ているが、これは見解の分かれる現象だった。

巫女は神と人間の対話を交わす役を担っていた。それは巫儀《クッ》と呼ばれる儀式で行われた。巫女は李朝時代の官服、軍服や僧服などを着けて依頼主の前に現れ、杖塘ツツミやシンバル、笛、大琴などの楽器に合わせ舞い踊り、神が乗り移った状態になる。そして依頼主に神のお告げを伝えるのだった。

日本では下北半島にイタコがいたが、楽器に合わせて舞い踊ることはない。その点、より強烈なのが韓国の巫女であった。

魂を運ぶ鳥

対馬には全国各地から民俗学者が入っている。日本だけではなく韓国の研究者も多い。

いつも世話役になるのが地元長崎国際大学名誉教授の立平進《たてひらすすむ》さんである。

「韓国の研究者が対馬に来ると、韓国と同じだとよくおっしゃる。お祭りにしても葬式にしても実によく似ている」

立平さんが昭和五十三年に対馬の厳原町曲《まがり》で海女の民俗調査を行ったときのことだった。霊《たま》の上に小さな彫り物があるのを見つけた。それは死者の魂を運ぶツバメで、魂を出来るだけ早く冥土に届けるために、ツバメに托したものだった。

この風習、北はシベリア、南はカンボジア、タイ、西はネパールで見られるもので、日本本土では

対馬の鳥居

あまり見られなくなっていたものだった。対馬にはこうした古いものが残っていた。私は対馬の神社の鳥居に石造の鳥がとまっているのを見た。

鳥居を立てる風習は、神社の建物がつくられるようになる前から存在した。古来日本では、屋根のない門という意味だった。

稲荷神社などの鳥居が朱色であるのは、古来その色が生命の躍動を表し災いを防ぐとして神殿などに多く使われたためで、これが鳥居にも影響しているとされる。

小松勝助さん

両墓制の問題だが、現在、研究を受け継いでいるのは対馬郷土研究会の代表代行で、『対馬風土記』の編集者でもある小松勝助さんである。長崎大学教育学部卒、対馬で長く教員を務める傍ら対馬郷土研究会発行の『対馬風土記』の編集に携わってきた。『対馬風土記』第九号の編集後記で本土とのカーフェリーで、本土との交通の便が良くなったことに伴い本土より古物商が入り、文化財を買いあさっていることに警鐘を鳴らしたこともあった。

小松さんは『対馬の両墓制』と題し、立原さんと同じ『えとのす』三十号に寄稿していた。

その論考も極めて緻密なものだった。最初にこれまでの研究史に触れ、大正八年三月、明治以降、民俗学会に報告した武田勝蔵の業績、「対馬木坂《きさか》地方の産小屋と輪墓」、雑誌『民族と歴史』を紹介、さらに森本樵作の「紀伊見聞七則」（大正九年）、田村吉永の「ラントーバの事」（同十年）、高橋桂香「墓地以外に屍体を葬る風習」（『社会史研究』、同十二年）と、三編を紹介していた。

この中で特筆されるのは対馬出身の武田勝蔵だった。武田は帝室編輯官補を勤めたことがあった。武田は木坂では、死人は村なかには葬らず、村の東南に位置する保利の壇（保利は葬り＝放り＝棄てる意と思う）からワボにかけての一帯に葬った。家ごとの区画はなかったが、木坂の場合は、村の古老たちはどのあたりが誰の墓かはおよそ知っていたと報告した。

小松さんは、先人の業績を紹介しながら対馬の民俗研究をいかに持続発展させるかに努力していた。

「高齢化が進んで若い研究者が皆無に近い。そこを何とかしなければなりません」

とおっしゃった。

沈黙の重さ

日本と韓国、国が違うのだから当然、問題多々ありである。

「政治が弱いですね、政治家は選挙のときは、対馬振興を話しますが、選挙が終わると消えてしまいます。若い方々に対する責任がありますから頑張りますが、壁は厚いです」

小松さんはそう語った。

対馬でいつも感じることは沈黙の重さであった。

国は対馬をどう見ているのか。それが見えない苛立ちと悲しさが随所にあった。

旅の巨人

対馬を考える場合、もう一人欠かせない人物がいる。民俗学者の宮本常一《みやもとつねいち》である。宮本は民俗学の旅びとだった。全国を歩き、土地の風景と人間の歴史をつなぎ合わせた。

宮本は明治四十年（一九〇七）山口県の南東部、瀬戸内海に浮かぶ周防大島に生まれた。苦学して大阪の天王寺師範学校に学び、柳田国男に感化されて、民間伝承に取り組んだ。恩師渋沢敬三《しぶさわけいぞう》の勧めもあって全国を歩き十万枚の写真を撮り、宮本常一著作集・全十五巻を著した。旅する稀代の民俗学者と言われた。

民俗学は土地の風景と人間の歴史をつなぎ合わせた学問である。

昭和二十六年（一九五一）には九学会連合の対馬調査に加わり、詳細に対馬を探索した。

九学会連合

昭和二十五年に民族学、民俗学、人類学、社会学、言語学、地理学、宗教学、心理学、考古学など九学会からなる横断的な大規模調査の一人に選ばれて宮本は対馬を訪ねた。

宮本は四十五日間も滞在し、城下町の厳原から曲の漁村、瀬戸内海の周防大島から移住した漁民が作った浅藻《あざも》村を訪ね、島南端の豆酘、さらには北端の鰐浦を歩いた。

鰐浦は五世紀初頭、倭人が新羅を襲わんとして、ここに前線基地を設けんとしたといわれている。現在、海上自衛隊の基地がここにある。

宮本はこの浅藻では村を切り開いた梶田富五郎翁から話を聞いた。梶田は宮本の生まれ故郷、周防大島の漁民だった。

江戸時代末期に魚を追って対馬にたどり着いた。最初は漁期だけ対馬に来ていたが、やがて自分たちの村を作ろうと考えた。

「ここで嫁を取って子供を育てようではないか」

定住はすべての漁民の憧れだった。

素手で港を開く

明治維新を迎え、無人の地を開拓することが認められた。地元の人々は、

「あそこはシゲ地と言ってたたりがある」

と反対したが、

「そのようなことは迷信だ」

と否定した。漁の合間に、木を伐って家を建て、畑を作り、海底の岩を除去して港を作った。当時、若い青年だった梶田富五郎はまだ健在だった。宮本は梶田の家に通い詰めて、当時の暮らしを採集した。富五郎は回想した。

　港をひらくちうのは、港の中にごろごろしちょる石をのけることでございます。
　人間ちうものは知恵のあるもんで、思案の末に大けえ石をのけることを考えついたわいの。潮

ひいて海が浅うなったとき、石のそばへ船を二はいつける。

船と船との間に丸太を渡して元気のええものが、藤蔓《ふじつる》でつくった大けな縄を持って潜って石へかける。

そしてその縄を船にわたした丸太にくくる。潮がみちてくると船が浮いてくるから、石もひとりでに海の中へ宙に浮きやしょう。

そうすると船を沖へ漕ぎ出して石を深いところへおとす。

船が二はいで一潮に石が一つしか運べん。しかし根気ようやっていると、どうやら船のつくところくらいはできあがりやしてのう。

みんなで喜んでおったら大時化《おおしけ》があって、また石があがって来て港はめちゃめちゃになった。

こりや石の捨場がわるかったのじゃ、もっと沖の方へ捨てにゃァいかんということになって、今度はずーっと深いところまで持っていって捨てやした

（「梶田富五郎翁」『忘れられた日本人』岩波文庫）

富五郎の話はこのようなものだった。遠く離れた場所からやってきた漁民たちが、時代の流れを読み取り、「お上」の力を借りずに独力で村を建設した、という事実に宮本は感嘆した。

現代人は、裸一貫から生活を切り開くことには、まったく慣れてはいない。

「そんな恐ろしいことはできない」

と尻込みする。東京脱出、地方創生となれば、裸でぶつかる勇気が必要になる。対馬の近代史には

参考になることが多いと思えた。

伊奈村

宮本は対馬市上県町伊奈《いな》に滞在したとき、調査のために島に伝わる古文書をしばらく借りられないかと区長に依頼した。当時は伊南村、ツシマヤマネコの生息地である。

「寄合にかけて皆の意見を聞いてからだ」

と区長が言った。

大事な村の記録である。学者に貸したら戻ってこなくなった、途中で紛失してしまった、など古文書の貸し出しはトラブルが多いのである。

村で何か取り決めをおこなう場合、みんなが納得いくまで何日でも話し合うという慣習があった。この時、村人は二日間も話し合い、宮本は借用書を書いて、ようやく借りることができた。この方式は四百年以上前から続いてきたということであり、日本の民衆史を塗り替える様な出来事だった。

寄合が終わったとき、宮本は会食の酒代にでもと、お金を包んで渡そうとしたが、誰も受け取らなかった。宮本は、納得いくまで話しあうという民主主義の原点をみることができたと感想を述べた。

民俗学と島起こし

私は対馬の特異な歴史と民俗を融合させた「対馬学」を立ち上げること、これが急務だと考える。戦後しばらくの間、歴史学と民俗学は仲が悪かった。

地域社会に伝わる伝説や伝承などを対象とする民俗学は学問にあらず、と歴史専攻の研究者は民俗学を学問として認めなかった。

東北は民俗学の宝庫である。

しかし戦前の東北帝国大学はむろんのこと、戦後の東北大学にも最近まで民俗学の講座がなかった。「柳田国男の民俗学など学問にあらず」

ひどく蔑視していた。

しかし今日、学問の世界も融合の時代である。歴史学、民俗学、人類学、宗教学、あるいは神道など、多くの分野の研究者が対馬に集い、対馬を改めて考えるところから、すべてが始まるように思う。

比較民俗学

民俗学は日韓の交流がますます大事になっている。韓国と日本の比較民俗学を論じた先述の崔氏は『朝鮮の祭りと巫俗』のあとがきで次のように述べている。

最近、学界では韓・日の社会や文化について比較研究する必要性が高まっている。この傾向は最近始まったことではなく、かなり古くからだと思われる。多くの日本人の学者によって韓国についての研究が進められてきており、そこでは直接、あるいは間接的に韓・日を比較する研究が多い。

時には韓・日の類似性から親縁性が強調されて〝同祖論〟的な主張も多かったし、時には韓・

日は別の文化伝統を持っており、そのレベルが違っているというような見方もあった。いずれにしても主に日本人学者による〝一方通行〟的意見が先導されてきたようである。

これを意識した最近の韓国人学者の中には日本人学者による韓国研究について、非常に否定的な態度を持っている人もおり、時には強い反感を持ち「新しい文化侵略だ」という人も多い。それは韓国人学者が日本研究をよくしていないし、また進めてもいない事実からくる要因ではないかと思われる。

韓・日相互理解のためにも両国がお互いに比較研究しあうことが必要だと思う。私はしばしば日本で言われる〝比較民俗学〟という言葉を耳にしながら、韓国側からのことをも考えたことがある。しかし、それは両国共にむずかしいことだと思ったものである。なぜならば、民俗学というのは自国の民俗学から他国への比較研究へ進む傾向があって、そこには意識的、あるいは無意識的に民族主義がはたらいており、偏見を排除することがまず難しいからである。韓・日両国は言葉や地理的、歴史的関係などから、お互いに利用出来る資料をたくさん持っていながら、感情的な面、つまり、文化、民族の優劣という意識が客観的な理解をする上で障害になっていることは確かなことである。

特に韓国においては日本への反感が強く、日本学発展を阻む要因にもなっている。ある学者は日本での留学生活までをもマイナスだと学界で公言する。

民俗学の世界でも日韓のぎくしゃくした関係が影響して、客観的に見つめることが困難になっているというのである。残念というか、もっともっと交流を深める必要があると痛感する。さらに崔氏は次のように続けた。

私はなるべくこのような状況をのり越えて日本の文化を理解しようと努力した。だが、実は私も最初の頃は柳田民俗学などに抵抗があってそれを度外視したかった。日本民族だけが価値あるような〝日本的〟なものを取り扱う態度が気に入らなかったからである。しかし、日本を理解する上では最も良い資料だと考えなおして、関心を持って勉強するようになったのである。

本書は日本留学中に日本の代表的な祭りを見物しながら、韓国の祭りを思い出して書いたものである。実際日本の祭りとの比較書でもないし、研究書でもない。しかし、日本の祭りを理解する上で参考になることを期待して書いたものである。また読者の方々が韓国の祭りの輪郭を把握するためにも役立つことが出来れば幸いである。そして日本人学者が韓国の祭りについて、さらに研究を進めてくれることを強く希望している。さらに日本側にお願いしたいことは、韓国人が日本の社会や文化を研究する際に大いに御協力願いたいということである。

私は民俗学の研究者ではないが、政治が学問研究を疎外してはならないと強く思った。

第十四章　日韓交流の未来

済州島に学ぶ

私は観光開発の面から言うと、一つのモデルケースは韓国の済州島（チェジュド、さいしゅうとう）だと思う。一度訪ねたが気候、ホテル、ショッピング、すべての面で完璧に近いものがあった。私は民俗学者の泉靖一著の『済州島』（東京大学出版会）を読んでいたので、その魅力は十分に理解することができた。

済州島は、朝鮮半島の西南、日本海、東シナ海、黄海の間にある火山島で、人口は約五十五万人。韓国の島では一番大きく、沖縄本島の一・五倍、対馬の二・五倍と広い。

韓国の最南端（高知県や福岡県と同緯度）に位置し、付近を暖流である対馬海流が流れているため、韓国の中では最も気候が温暖で、韓国国内では「韓国のハワイ」とも呼ばれる。

日本では長崎県の五島列島に一番近く、約百八十キロメートルの距離である。ここは国際リゾート地でホテルが林立し、カジノもある。

国際空港があり、成田国際空港、関西空港・福岡空港・中部国際空港、北京首都国際空港などから大韓航空・アシアナ航空が就航している。釜山との間にフェリーも就航している。日本からも年間数十万人の観光客が訪れている。対馬の比ではない。

過疎対策の切り札ではなかろうか。

道祖神が済州島のシンボル。これは素晴らしい。対馬の方々は一度とならず何度も訪ね総合的に研究する必要があるだろう。

ポイ捨てはノー

日韓交流は、若者が基本になるだろうと、私は考えている。インターネットを見ていても対馬と釜山で交流しているのは若い人々である。

対馬高校では、平成十五年（二〇〇三）に隣国の韓国語や韓国文化を学習する「国際文化交流コース」が開設され、韓国の大学に進学する道が開かれた。

韓国の大学に留学する高校生はまだいないようだが、対馬の高校生がトライすべき課題の一つではなかろうか。一方的な交流ではなく韓国の高校生が、対馬高校に留学するようになれば、この交流はさらに活発になるに違いない。

長崎大学と釜山大学校の交流も進んでいる。対馬に日韓の大学交流センターを設け、相互に単位を互換すれば、韓国語や朝鮮文化を学ぶ学生が対馬を訪れるに違いない。

現在ゴミ処理の問題で長崎大学と釜山大学校に学生が共同で処理作業にあたっているが、これをもっと全国の大学に広げるべきだろう。

アートファンタジア

もう一つ注目しているのは、この本に多くの写真を提供された鍵本妙子さんなど、対馬アートファンタジア実行委員会の面々である。委員会のメンバーが撮影した写真は秀作が多い。九州造形大で写真を学んだ方である。鍵本さんは対馬の神々、海、空などの大自然をあざやかに撮り続けている。

このグループは現代アートを介して承継されてきた対馬の文化をリバイバルする実験を試みている。六年前から広島市立大学芸術学部伊東研究室が参加している。韓国の学生も参加している。対馬新聞に、関係者の談話が掲載されていた。

◎広島市立大学の前川芸術学部長

「夏休みになると、対馬に学生が大移動して、学校がもぬけの殻となる。ここには人をひきつける何かがあり、生徒の作品も最初の頃よりだんだん開けているように感じる。

◎伊東准教授

「韓国の方とのコミュニケーションも少しずつとれてきており、これからも続けていきたい」

◎財部能成対馬市長

「厳原を中心に、子どもたちへのワークショップ等、浸透してきている。多くの方が関わってくれることで、我々の心作りにも関与しており、これからもお力添えをいただきたい」

もっと多くの大学が参加するとより一層もりあがるのではないだろうか。

研究者の交流

考古学、民俗学、文化人類学、古代史、中世史、近世史の研究者による対馬会議の再開も必要だ。

宮本常一は、対馬の海人は西日本各地から渡って来たと説いた。

福岡県宗像郡の北端にある鐘ヶ崎の漁師たちは網で魚を採り、モリで突き、女は潜って鮑をとった。時には四、五艘で船団を組み遠方にでかけた。

行く先は対馬や壱岐であった。一年稼いで戻ってくるのだが、対馬では特に規制もなく小屋掛けをして勝手に魚を採ることができた。やがてイルカが舞い込み、、クジラも姿を見せるようになって、漁師は対馬に定住した。こうした事実はもう完全に忘れられている。

対馬における民俗学の探究は、今後の立派な観光資源になることは間違いない。

オイテケボリ

宮本は昭和の対馬を「オイテケボリ」と論評した。

「島の人たちは、多くオイテケボリを食いがちになる。周囲がそうするばかりでなく、自らの中にも限られた世界と視野とが、そういう荷を背負わせるような思考能力しか持たせなくして、つい独善と偏執の中へ自己を追いやる場合が多いから。一つの土地の背負わされた宿命的な荷は、それが永遠にといっていいほど、つづいてゆく場合が多い。しかもそれがいちじるしく限定せられた社会において、特にそうである」

鋭い論評だった。過疎化の始まりである。

『長崎新聞』がない

対馬は行政区分もどこか不具合である。

私は船で博多から対馬に向かうとき、『長崎新聞』を買おうと思って、待合室のそばのコンビニにいったが、『長崎新聞』は扱っていなかった。

「なぜ」

「ここは福岡県ですよ」

店員の女性が言った。言われてみればそのとおりなのだが、これから長崎県の対馬に向かうのだ。なにか対馬の情報はないか、そう思う人もいるに違いない。しかし現実問題として、いまさら福岡県に入ることは難しいだろう。

対馬は八方手づまりの状態にあるが、しかし未来はある。

日韓首脳会談の再開が見込まれ、ようやく光が見えて来た今こそ、日韓両国のあるべき姿を官民一体で考える時期を迎えたといえよう。その際、国の方針が重要になるだろう。

土地売買の歯止め、防衛力の整備拡充など国家の対応も大事である。

最近、目についたのは国境観光である。

国境観光

北海道大、九州大、対馬観光物産協会などを中心に新しい動きが進んでいる。

昨年七月七日に、福岡市でシンポジウムが開かれた。演題は「日本初の国境観光を創る―対馬の挑戦」である。岩下明裕（北海道大学スラブ・ユーラシア研究センター・教授）／花松泰倫（九州大学 持続可能な社会のための決断科学センター講師）が基調講演を行った。

そして「福岡発対馬経由釜山行きのモニターツアー実施」「国境の島 対馬の魅力 観光プロモーション」などが討議され、財部能成（対馬市長）、川口史（JR九州高速船（株）・代表取締役社長）の各氏らも出席した。

今後、日韓両国から日朝交流史、民俗学、宗教学などの専門家も入れば、さらに充実したものになるだろう。

認識不足

戦争中は朝鮮人の兵隊が対馬に進駐し、対馬防衛に当たってくれたこともあった。ほとんどが韓国南部の二十歳ぐらいの若者だった。

戦後のことである。

対馬新聞社の元社長斉藤隼人氏がラジオを聞いていたら、「朝鮮南端の対馬」とラジオから流れた。

「戦後も対馬に人が住んでいるのか」

「野球ができる広さなのか」

「対馬は韓国の領土ではないのか」

など珍問が寄せられた。

斉藤氏は『国境線対馬』（対馬新聞社）にそのことを書き、対馬への日本人の認識が低すぎると嘆いた。

九州大学と協定

対馬市はこのほど文部科学省の補助事業で、九州大学持続可能な社会のための決断科学センターと

対馬の対岸、韓国の風俗

の間で協定を交わした。

テーマは、対馬市が推進するまちづくりや、市の地域課題に関して九州大学も参入。相互の発展を期すものである。連携事項は次の通り。

一、対馬市における域学連携事業への学生、教員、専任教員の参加。
二、学生に対する対馬市での教育、研究機会の付与。
三、共同カンファレンスの開催。
四、共同研究等の研究協力。

今後の具体的な活動は、先ず平成二十五年度「博士課程教育リーディングプログラム（オールラウンド型）で採択された九州大学のプロジェクトである『持続可能な社会を拓く決断科学大学院プログラム』において、積極的に学生、教員の受入を推進し、新たな雇用の創出及び人材育成、共同研究を行っていく予定である。

大学はグローバル人材の育成

矢原センター長は、
「学生は五年間かけ、それぞれの専門分野で学位をとることも大変だが、それに加えて、オールラウンド型の知識を身につけ、更に国際的な視野と経験を身につけたグローバルリーダーになって、まさに産業界や行政・地域社会といったこれからの日本のあらゆる局面を引っ張っていける人材を作りなさいという大変なもの。

このミッションを可能にするには、本を見て勉強するのではなく、現場に出て学ぶ。対馬では国境観光・獣害・新エネルギー問題等、いろんな問題に解決に取り組むことで、自然・社会科学といったあらゆる学部を有機的に結びつけて、勉強していけるのではと考えている」

と話した。

一般社団法人MIT

私が最も注目したのはこの団体である。

対馬の資源、魅力や誇りをみつけ、活かして新たな産業を起こし、多くの人に伝え、創発を生み出すことを基本理念として三年前に発足した社団法人である。

設立の母体は、対馬市が公募した「島おこし協働隊」に一人の女性が参加したことから始まった。「島おこし協働隊」は、対馬の活性化に新たな風を吹かせようと、平成二十三年四月に設置された市の組織だった。都市出身の意欲と専門性あふれる人材を積極的に受け入れ、「島おこしの新たな担い手」として活躍してもらおうと最長三年の任期で委嘱した。

三年前に応募したのが現在この会の専務理事・主任研究員を務める川口幹子さんである。

青森県出身。北海道大学大学院で環境科学を専攻し、東北大学の大学院で企業向けの環境コンサルティングを行っていた。しかし、提言だけで終わってしまってはならないと考えていた時、対馬の地

ＭＩＴの協力者川口亮さん。実は川口幹子さんのご主人

域おこし協力隊の募集を見つけたのだった。

その川口さんが立ち上げたのが一般社団法人ＭＩＴだった。ＭＩＴは、「みつける（Ｍ）」、「いかす（Ｉ）」、「つなぐ（Ｔ）」の頭文字をとった。

川口さんが実習の場として選んだ志多留（したる）地区は仁田（にた）湾の入口に突き出した伊奈崎半島の東側の付け根にある集落だった。船泊まりとして良好な場所でである。ヤクマ祭りなど古い宗教的風習が残っている地区だが、著しく過疎化が進み、最盛期は二百人近くが住んでいた住民が今は六十人余に減少、このままでは存続が危ぶまれる〝限界集落〟だった。

一般社会法人ＭＩＴの代表者は細井尉佐義さんである。

細井さんは一九七二年長崎県生まれ。東京環境工科専門学校卒。海子丸船長として、一本釣り漁一筋で、家族五人を養っている。自然環境保全と資源保護を第一に考え、地元、他府県の漁協組合関係のイベント、講演等に積極参加。これまでにそのような活動が大きく認められ、テレビ取材、多くのメディアにも出演している。

細井さんは、いろいろ夢もあって上京したが、会社を辞めて、日本や世界を巡って自分のしたいことを探そうかと考えた。

一つ年下の妻がいた。永住の地を探そうと、二人で四国や五島も訪ね歩いた。そこで対馬に出会った。十三年前、車に荷物を詰め込み、博多から対馬に渡るフェリーの中で「今日からこの島のこの海で漁師として生きて行く」と誓った。

愛船「海子丸《かいこまる》」を手に入れ、ブリ、サワラ、アジ、サバ、マハタなど四季折々に旬の魚を釣り上げ、暮らしている。

一年中荒れ狂う対馬の海は半端な気持ちで漁師が務まるものではない。死を覚悟してしまうようなシケに遭遇したこともあるが、自分としては満足な日々である。

対馬には人類が歩んできた様々な歴史の縮図と、これから歩むべき道標が散りばめられているような気がしてならない。

川口さんの生活と意見

川口さんがまず始めたのは、島おこしに興味のある学生を巻き込み、古民家の修復から始めた。さらに耕作放棄地を再生し、少しずつ元に戻す作業を続けた。

現在は耕作放棄が進み、地形も荒れつつある。ウナギも、渡り鳥の姿も珍しくなった。

「何世代もかけてこの土地をつくり、受け継いできたんですよね。川の水の流れ、木を植えた位置、家々を形成した場所も。一つひとつが試行錯誤の結果です。いま田んぼを再生することは、次の世代が渡り鳥に出会えるということです」

川口さんは語る。

鶴と稲作

志多留には「鶴が一本の稲を運んできて、それから稲作が始まった」という伝承がある。集落のはずれにある小高い丘からは弥生時代から稲作が行なわれてきたという農地が一望できた。約三万三千人が暮らすこの島は、かつて朝鮮半島と日本の交易拠点を担ってきた。稲作、そば、仏教、陶器……多くの文化がこの島を経由して、日本へと伝来したことも分かった。対馬は中国、朝鮮半島、東アジアを結ぶ文化の十字路だった。

動物はサルやクマがいない代わりに、ツシマヤマネコが見られ、国内で唯一ニホンミツバチのみが生息する土地でもあった。

川口さんはここに来て三年目に結婚した。

相手は志多留の漁師川口亮さん、当時四十二歳だった。頼りがいのある海の男だった。

北海道大学剣道部の仲間たちが、対馬まで駆けつけてくれた。彼女は北大剣道部のマドンナだった。

目下、全国の大学や大学院生を集め、田植、稲刈り作業、民泊体験、対馬馬の飼育、ものづくり工房、商品開発からデザインまで、一緒に考える場を提供、さらに「ヒトと自然をつなぐガイド」、カヤックの講習会などの幅広い事業を展開している。

研修生の声

ここで研修した東北大学・生命科学研究科の博士後期課程の今村君は、私にメールを送ってくれた。

僕は北海道札幌市出身で、高校までを札幌で過ごし、大学から仙台に来ました。

僕が対馬に来たきっかけは、大学の特別講義の一環でインターンシップがあり、どこに行くかを考えていた時にたまたまMITが目に留まったからです。

僕のMITでの主な活動は、「対馬へのUターン者を増やすために必要な政策を明らかにするための、元島民を対象としたアンケート調査の設計」です。

アンケートの設計にあたり、対馬に来てから最初の数日間は対馬が抱えている課題やこれから取り組みについての勉強に専念しました。そうして勉強したことに基づいて設計を行い、さらに他の方々に色々意見をいただきながら完成度を高めるということをやっています。

気分転換に外に出たときには都会では見られない農業風景が見られて新鮮な気持ちになれるのも、非常に大きいです。

「田舎＝閉鎖的」というイメージは、少なくとも僕が見る限りでは対馬にはあてはまりません。もちろん、どんな人に対しても寛容であるというわけではありません。最低限の礼儀や、ある程度の人当りの良さは必要です。

それに、コミュニケーションの最初の方はこちらからアクションをかける必要があります。

こういうふうに書くと少しハードルが高そうに見えますが、すれ違うときに大きな声と笑顔で挨拶ができればOKです。

ただ、長期的に住むとなるともう一歩進んだコミュニケーション（方言を理解するとか）が必要になると思いますが。また、対馬の人々は声質が柔らかく、耳に優しいという印象があります。言葉に刺々しさがないので親しみやすさを感じます。

地域おこし活動は、結局は地域にやる気がなければ意味がありません。対馬がそういうやる気にあふれているということは、これからの取り組み次第で変われる可能性があることだと僕は思っています。

他の田舎ではどうなのかはわからないのであまり断言はできませんが、こうした経験や考えから、僕は対馬が比較的寛容な環境で、島の未来を明るくするためのやる気にあふれている場だと思っています。

多くの学生はこうした体験をすべきだと感じた。国境、島、過疎地、地方創生、さらには日韓交流を考える絶好の場、それが対馬だった。

対馬市は、九州大学、長崎県立大学、大阪府立大学、釜山外語大学、慶應義塾大学など連携協定を締結、さらに日本大学、立教大学、京都大学、明治大学、早稲田大学など全国各地の大学に所属する学生を受け入れてきた。

受入のタイプは、短期合宿、中長期インターン、フィールド研究、大学や関係機関主催の合宿研修、短期合宿に三十名、中長期インターン、フィールド研究などで、大学生による島の子供たちの教育・学習サポートも行われていた。

島起こし協動隊員

対馬市では、島おこし協働隊員を採用している。

四月一日、委任状交付及び団結出発式が市役所で行われた。財部市長は、委任状を交付し、「対馬における政策課題について、市職員五百六十人では知見がない部分があり、いろんな知見を持った人の血をいれていくことが必要。今まで培ったものを対馬をフィールドにして活躍してほしい」

と激励した。それぞれの専門分野の領域での活躍が期待される。

『対馬新聞』に全員の写真と五人のプロフィールが掲載されていた。

島おこし協働隊員と外部集落支援員の皆さん。『対馬新聞』（15年4月10日号）より。前列中央は財部市長

◎地域連携教育コーディネーター・杉田洸平さん

福岡県春日市より移住。奈良教育大学教育学部卒業後、鳥取県内で高等学校の非常勤講師を勤める。教育に関する知見と情熱を以って業務に取り組む。

◎つしまミュージアム・プロモーター・大澤信さん

埼玉県さいたま市より移住。青山学院大学文学研究科博士課程修了。その後韓国の梨花女子大学校・ソウル大学校へ交換留学を経て、東京文化財研究所企画情報部アシスタントや東洋文庫図書部朝鮮語書籍を担当。高麗時代地蔵菩薩に関する対馬伝来の考察等を行う。

◎つしまミュージアム・プロモーター・高田あゆみさん
東京都武蔵野市より移住。首都大学東京都市環境学部卒業後、東京大学大学院人文社会系研究科修了。所属ゼミにおいて地方自治体における「文化によるまちづくり」を実践を通して学び、市民の手による地域づくりに造詣が深い。

◎対馬農協・島のもん魅力発信デザイナー・垂永晶憲さん
佐賀県佐賀市より移住、佐賀大学理工学部卒業。対馬出身の九州大学生らとともに対馬に百万人の日本人観光客を集客しようという目的で設立した『つしまジャパン株式会社』取締役の顔を持つ。対馬を訪れ、対馬を知っていく上で、対馬のために働きたいという思いを持つに至った。

◎島の循環型農法推進プランナー・水野敏幸さん
滋賀県草津市より移住。鳥取大学大学院土壌学分野専攻修了。青年海外協力隊やＮＰＯ法人国際農民参加型技術ネットワークにおいて中国やグァテマラの農村地方で土壌学を実践・研究を行ってきた。その経験を活かして今回の業務に取り組む。

◎外部集落支援員・菅田奈緒美さん

京都府京都市より移住。山口大学経済学部卒業後、京都大学大学院地球環境学舎環境マネージメント専攻修了。インターン生として対馬に訪れた経験がある。

こういうキャリアの方々が、国境の島、対馬で働いてみたいと思うようになったのは、ごく最近の現象だろうと思う。ごく最近まで若者の仕事場は大都会志向だった。大企業が第一志望であり、故郷に帰る場合でも県庁あたりに勤めてぬくぬくという職業選択が多かった。だがぬくぬくが少しも面白くないことに気づきはじめたのだ。

こういう方々が対馬に入り、対馬の未来や日韓関係を考える、これが最も大事なことだと思う。

終章

二十歳の若者

これは私の原稿執筆日誌である。

原稿を書き始めて、私は対馬の若い青年内山直也君と知り合いになった。フェイスブックで、内山君を知ったのである。彼は毎日のように対馬のことを書いていた。

二十歳の青年である。一時期、福岡市に住んだが、生まれ育った対馬に戻り、知り合った頃には、厳原の量販店で働いていた。写真と釣りが趣味で、よく対馬の海を撮影し、釣り上げた魚をフェイスブックに掲載していた。あるとき、

「星さん、どういう勉強をしたらいいですか」

と聞かれたことがあった。海や神社仏閣を撮影していたので、

「対馬の歴史や、人々の暮らしを撮影したらどうですか」

と言ったが、デザイナーとかカメラマンは独学でも十分習得は可能だが、飯が食えるようになるのは至難の業である。

ある日、彼の祖父が漁師であることを知った。

祖父の後を継ぐのもいいかもしれないと思ったりした。成人式を迎えた後、海が大好きな彼は漁師に転身した。

二月十日のフェイスブックに、大きなブリを手にした彼の姿が映し出された。すごい反響だった。

私も投稿した。

内山君、私がこれまで見た最高の笑顔
星さん、ありがとうございます。
おとこは仕事
星さん、そうですね
海は怖い面があるので、ライフジャケットつけたほうがいいよ。
星さん、大丈夫です。ライフベルトを着けてます。

というものだった。

韓国について

内山君は素直な好青年である。

対馬の南端、浅藻の風景を見たいとお願いしたことがある。すると即座に十枚以上の写真を撮影し、

対馬の釣り人、内山直也君（左）。内山君の姉さん格、山本麻由子さん（右、左側の女性）

フェイスブックに公開してくれた。

文中でも紹介したが浅藻は明治九年頃、山口県大島郡久賀町の漁民が移り住んで開拓した集落である。苦労の跡を偲ぶ風景があちこちにあり、

「明治から大正の頃には、ここは大いに栄えて港は船でいっぱいになり、遊郭もあったが今は過疎です」

と伝えてくれた。

ある時、日韓問題について一言だけ言ったことがある。

「家ではじいちゃん、ばあちゃんが、韓国人を大嫌いだといっている、何か理由があるらしい」

世代によってしこりが双方にあることは間違いない。それをどうときほぐすか、これが日韓問題の難しいところである。

「私ら若い世代にはありませんよ」

内山君は、つけくわえることを忘れなかった。

もう一人、フェイスブックで知り合ったのは先述の鍵本さんである。人間の表情や自然の動き、風や光の具合を瞬時に捉えてシャッターを切っていた。

私は鍵本さんの写真から随分、対馬を学んだ。

「対馬の魅力はどこですか」

「そうですね、課題満載のところでしょうか」

とおっしゃった。

確かにどの写真も課題満載であった。

また内田君のお姉さん格の山本麻由子さん、正法中島さん、瀬川満さん、古場公章さん、上野芳喜さん、早田伸二朗さん、三浦美己子さん、松原信隆さん、千葉由紀子さん、西川雅章さん、Ａｉｋｏｍｕｒａｓｅさん、Ｔｏｍｏｎａｇａ ｙａｓｕさん、古郷千恵さん、国分豊さん、一般社団法人ＭＩＴさんら皆さんの写真を拝見、対馬を知ることができた。残念ながら頁数の関係で全ての写真を使うことができなかった。お許しをいただきたい。

また東京対馬会の修行秀樹さんが管理される対馬Ｔｓｕｓｈｉｍａ、対馬市島おこし協動隊、対馬とんちゃん部隊、対馬コノソレ、一般社団法人ＭＩＴの皆さんの活動からも対馬を学ぶことができた。

壱岐の川村さん

司馬遼太郎は対馬と壱岐の微妙な関係を描いていたが、私は壱岐の川村和義さんとフェイスブックを通じて知り合った。

川村さんは五十歳で奥さんに先立たれ、三人の子供さんとパーキンソン病の母親を介護しながら個人商店を経営されている。

商品の注文をうけて、それを仕入れ、朝から壱岐の島を午前中一回、午後一回廻って配達して歩く。いうなれば動くコンビニである。

ある日のフェイスブック。長女は明日のキャンプの準備におお忙し、次女は嫁の姉さんの所へ行く

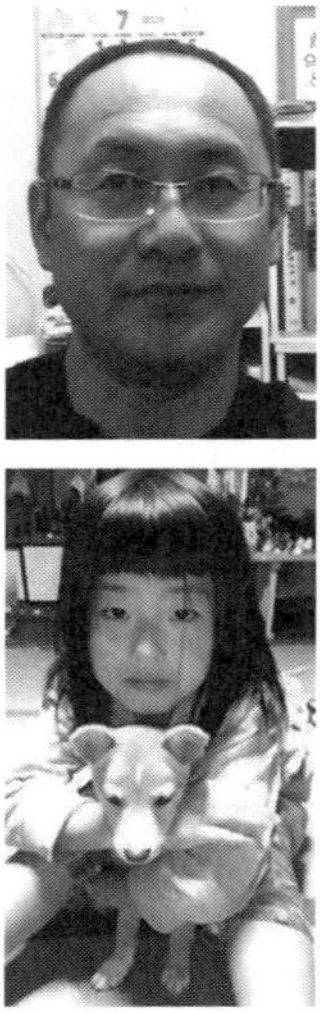

壱岐の川村和義さんと娘さん

計画中、小遣いをせがむ。晩御飯の準備は七時から、冷蔵庫にある野菜をかき集めて、豚バラと炒める。この料理を毎日フェイスブックに掲載している。

「日韓問題、どう考えますか」

私は聞いた。

「中国も韓国も先の戦争の話をすぐ持ち出すから、なかなか交流が先に進まない。いつまでもこれを続けていたら、お互いにとって、マイナスですね。壱岐はこじんまりした島ですが、対馬には韓国資本が入っている。ここまで来るとこだわりますね。国会でも、議論されていましたが、自衛隊の基地に隣接した土地を韓国人が買っているとか、これは困ります」

川村さんは苦言を呈した。

日韓併合

私はこれまで三回、昭和史の舞台となった旧満州国を訪ねた。旅順、瀋陽、長春である。それからノモンハンに出かけ、アンガウルやペリリュー島を歩き、、それぞれ戦記物を書いた。また真珠湾攻撃やミッドウェー海戦の本も書いた。取材の過程で、

「日本が負けてよかった」

と話すコメントも聞いた。

「なぜですか」

「軍部が威張って、威張ってどうにもならなかった」

といった。

強引な満州事件のやり方、五・一五事件、二・二六事件の暴挙を見れば、

「なるほど」

とうなずけるものだった。

戦争は古今東西の歴史を見ても、やるべきでないことは明らかである。しかし相手がある話である。巻きこまれることもありえる。

日韓併合とは何だったのか。

明確に結論は出ていない。『韓国併合』一〇〇年を問うシンポジウム」が二〇一〇年八月に行われ、その報告書が国立歴史民俗博物館編で、岩波書店から刊行されている。正直、これは読むだけでも大変であるが、興味のある方は是非お読みいただきたい。

昨今、出版された『「日中韓」を振り回すナショナリズムの正体』（東洋経済新報社）は興味深い。半藤一利氏と保坂正康氏の対談で「憎悪の連鎖をどうやって絶ち切ればいいのか」を討議している。

「韓国併合は日本にとって侵略というよりも国防だった」という半藤氏の意見は拝聴に値する。

対馬に流すぞ

昔話も何人かから聞いた。朝鮮半島の沿岸部の漁村では、子供が、言うことを聞かないと、

「対馬島《テマド》に流すぞ」

と子供を叱った。

たしかに倭寇が相当に暴れまわった時代があった。倭寇の本拠地は対馬なので、こんな話になったのだろう。対馬には農地がなかったので、食糧は朝鮮半島から略奪した時期があった。

一方、九州の日本海沿岸では、子供が言うことを聞かないと、

「ムクリ、コクリがくるぞ」

と子供をおどした。ムクリはモンゴル、コクリとは高麗のことである。しかし倭寇にしても元寇の乱にしても通説は事実と異なるという見方もあった。

昨今、刊行された服部英雄著『蒙古襲来』(山川出版社)は従来の蒙古襲来説を真っ向から否定する。

「文永の役は一日で終わったというがとんでもない誤りである。大体、攻めよせた軍勢のモンゴル軍二万五千、高麗兵八千人、水主六千七百人、渡海船九百艘からしておかしい。船は母船三百艘、あとは船に積んだ小舟である。兵員はモンゴル軍八千、高麗軍千五百が妥当」というのである。すべて白髪三千丈の世界だというのである。確かにこの方が現実的である。

私は通説に沿って執筆したが、通説が覆る日は案外近いかもしれない。

セウォル号事件

ところで昨年四月十六日に起こった韓国の旅客船セウォル号の事故は衝撃的だった。

「えっ、どうして、ひどすぎる」

という大事件だった。

テレビで中継されたので、私も、

「なんということか」

とため息をつきながら画面に見入った。

日本で同じような事件が起こったらどう対応したのか。

早く救助するすべはないのか。ハラハラしながら何時間もテレビを見続けた。

素人の感想で恐縮なのだが、窓ガラスを破って、救助隊が船内に突入できないのか。刻々沈む船体を見ながら思ったことはそのことだった。

消防や海洋警察に通報が入り、海軍の海難救助部隊や陸軍特戦司令部の潜水要員が調査と救助作業に投入されたが、目の前で高校生を乗せたまま船は沈み行方不明者もあわせ三百人を超える大惨事となった。

しばらくの間、この事件が脳裡に焼き付き、離れなかった。

九月二十一日にフジテレビの「Mr.サンデー」が「韓国セウォル号沈没の真相」を放映した。

「Mr.サンデー」は、沈没するセウォル号から自力で脱出した高校生らの証言を基に、セウォル号の中で何があったのか詳しく紹介した。韓国のメディアにも登場しなかった事故当日の船内の様子も映し出された。

番組の最後で、生き残った高校生は、

「韓国政府は、私たちが法廷で証言しても真相究明のために何もしてくれない。どうして事故が起きたのか、この取材で少しでも真実を明かしてほしい。他の国の力を借りてでもなんとかしたい。日本のテレビが取材してくれたことに感謝する」

と語っていた。在日韓国人からも、

「韓国では報道されない内容を日本のテレビが取材してくれた。ありがたい」

というコメントがフジテレビに多く寄せられたという。

救助隊

この事件、なぜ日本の救助隊が出なかったのか、私はそのことが大きな問題として残った。

新聞各紙の報道によると日本の海上保安庁は、韓国当局へ救援への協力を申し出たが、韓国側から要請はなかったということだった。

海上保安庁の再三の申し入れに対し、韓国の海洋警察庁の担当者からは、

「受け入れ準備が整わない」

「日本の支援を受け入れるのに、上からの許可がおりない」

というコメントも伝えられた。

一刻をあらそう事件である。

日本周辺の海の自然環境は多様で、冬に時化が続く日本海が両国間に横たわっている。

日本だっていつどのような事件事故が発生するかわからない。

政治はともかく救難は両国が協定を結ぶべきである。人命第一ではないかと痛感した。

お互い、災害の場合は相互救助に当たる。
このぐらいの協定が結べないのだろうか。

『産経新聞』

そのさなかに、新たな事件が起こった。韓国の検察が、日本の『産経新聞』前ソウル支局長を朴槿恵大統領の名誉を毀損したとして起訴したのである。

この騒ぎの発端は、『産経新聞』が二〇一四年八月三日に同紙電子版に載せた記事である。記事の中で『産経新聞』は、三百四人の死者、行方不明者を出した旅客船セウォル号が沈没した事故当日、朴大統領が七時間にわたり音信不通の状態にあったという噂が広がっていることを伝えた。『産経新聞』ソウル支局長の加藤達也氏は、韓国最大の日刊紙『朝鮮日報』の記事、そして証券街に流れていた情報を引用し、朴大統領が事故当時、ある離婚男性と逢い引きしていたという噂について書いた。

大統領府はこれについて全面的に否定した。

昨今ようやく帰国を認められたが、ともあれ、こうしたことは緊張した日韓関係にとって何の益にもならない。大局的見地に立っての解決を期待したいと思うのだが、いかがであろうか。

あとがき——私の提言

あとがきとして、最後に私の提言を申し上げたい。

それは日韓交流の場の拡大である。政治的に見ると日韓問題は最悪である。従軍慰安婦、日韓併合から一歩も出ておらず、これでいいのかと暗澹たる気持ちになる。

文中で見たように対馬は創世紀から朝鮮半島と深い関係にあり、文字通り一衣帯水の関係にあった。対馬市長は定期的に釜山市長と会談すべきだし、高校生、大学生の交流センターの設置を政府に呼びかけるべきであろう。第十四章でも申し上げたが、済州島をモデルに思い切った観光開発を進めるべきである。

日本の皆さんも対馬を訪ね、地方創生を考え、日朝交流史の跡を見るべきだろう。

また、考古学、歴史学、民俗学、宗教学、日朝交流史などを研究している大学院生にも来てもらい、総合的な対馬研究を進めたらどうかと思う。東北大学の関係者が多いようなので、東北大学に全面的な協力を求めれば可能ではなかろうか。

そうすれば九州大学、京都大学、北海道大学なども参加するに違いない。そんなことも提案したい。対馬をこのまま放置してはならない。国民の英知をしぼって島の活性化を進めなければならない。

この本が完成したら対馬に出かけ、皆さんと語り合いたいと思う。それから取材に同行してくださった福島大学うつくしまふくしま未来支援センターの藤本典嗣准教授、日本大学大学院日本研究部会の仲間、戊辰戦争研究会の有志、それに一夜お付き合いいただいた対馬新聞社の発行人、多田直樹さんにお礼を申し上げたい。現代書館の菊地泰博社長、担当の福田慶太さんにもお世話になった。なお、参考文献は文中に記載した。

二〇一五年四月

星亮一

特別寄稿（1）

対馬民具紀行

立平　進

一、はじめに

「対馬は国境の島である」という書き出しの文章に、何度か接したことがある。筆者自身も、そういう書き出しで記したことがあった。国境という響きは、それがためか、妙に旅心を誘う。個人的には筆者は、もう何度となく対馬を訪れている。民俗調査で十回以上、長崎県立美術博物館の用務では移動展などで数回は行った。

あるときは小倉から、夜十時三十分に出るフェリーあがたに乗った。晩秋の頃のことで、夜の明けるにはまだまだ間のある朝四時三十分頃比田勝港へ着く。この時はトボトボと暗い夜道を佐須奈の方へ向ったのであるが、峠を越えられず、街はずれの消防詰所までもどり、夜の明けるのを待った。その日はたいへん長い一日であったという記憶が残る。

またあるときは、五月の初旬であったが、対馬北端の鰐浦へ天然記念物のヒトツバタゴを見に行ったことがある。ヒトツバタゴは木に咲く白い花で、五月の初めの一週間ぐらいしか見ることができない。そのため、上対馬町の役場へ、四月の中頃から何度も電話で問い合わせた。筆者が鰐浦へ行ったときには、比田勝の方で、ちょうどヒトツバタゴまつりという催物があった。観光宣伝のための新しいまつりである。しかし肝心のヒトツバタゴが自生する鰐浦ではヒジキ採りの真っ最中であり、民宿もやっと泊めてくれたほどで、このまつりとはおよそ縁のないという感じであった。それどころか、村は静まり返って、むしろ寂しすぎるほどであったが、その日の夕方になると顔を赤くした村の主だった人々がまつりから帰ってくるなり、村のあちこちが華やいだ気分になったのは不思議である。そのような、あれこれが何とも良い印象で残っている。

対馬については、このような感慨が折に触れて思い出されてくるのであるが、本稿のテーマである民具についても同じような思いがある。

二、カライテボ（運搬具）

土地と人とが織り成す風物が、最も印象的な心象風景として長く心に残るといわれているが、絣の綿入れを着て、カライテボを背負った老人が山道を行く姿は、実に対馬の民俗を象徴しているかのようで、筆者の心にずっと残っている。このような光景に何度か出会った。

もう十年近く前になるが、対馬で民俗調査をしていた時のことである。背のまがったおばあさんが、杖をつき背負い籠を背負って来る姿に出会った。小さな背丈のおばあさんであったし、そのうえ上体がひどく前かがみになっており、籠の中がほとんど見えるような状態であった。ふとその背負い籠の中を見ると、子供の頭ほどの石が入っており、筆者は漬物石でも運んでいるものと思い込んでいたが、実はそうではなかったのである。おばあさんにいわせると、「これを入れとかんと歩けまっしぇんので」というのである。なぜまた重たい石をと不思議に思ったわけだが、そのおばあさんの歩く姿をじっと見ていたら何となくわかるような気がしてきた。

おばあさんは、その時、八十二歳といった。毎日毎日というほどではなかろうが、ずっと長い間、背負い籠を使ってきた人である。それが年をとって背が曲るようになると、以前のような状態では歩きにくくなる。前かがみになり、杖をついても腰から下がフラつくようになる。そこである程度のオモシを入れた背負い籠を背負うと、後にかかる重心が加わって歩きよくなるということらしい。すなわち、前後のバランスがとれて、平常の人の歩き姿に近くなるというわけである。気持のうえだけのことかもしれないが、そのような例は他にもある。テレビカメラマンは重たい移動カメラを持って撮影するときに、腰へバラストをつけることがある。これは上体がフラつかないためである。対馬の石小屋はたいへん頑丈な建物である。用材が太いし、地盤がしっかりしている。その上にあの重い板石が乗るのである。地元の人は、石が乗って安定するという。一般の家でも、瓦が乗って安定するとよくいわれている。おばあさんの石も、このような経験的作用を考えてのことではなかっただろうか。物を入れる運搬具がこのように利用されているところを見るにつけて、感慨深いものがあった。

ところで対馬では背負い籠のことを「カライテボ」と呼んでいる。カライとは、「カルウ」という方言からきていて、背中に荷なうことを意味している。またテボはかなり広い地域で籠のことを指す。従って、背負い籠ということになるが、カライテボは一般名称である。個別には、竹籠を大きさで、大、中、小に分けて、大きいのをスカリ、中位のをカケテボ、小さいのをコテボと呼んでいる。スカリはランドセルのように背負うもので、語の意味は、「すく（結く、漉く）」であろうか。繊維質のものを編むという意味が考えられるかもしれない。従って、竹で編んだものである。厳原町の曲《まがり》では、海女の使う網袋がスカリと呼ばれている。カケテボは、肩に掛けるテボのことであるが、負い縄が一本とは限らない。両肩にかけるのもある。中位のテボはもう一種類あり、やや細長いのがナガテボと呼ばれる。これには負い縄が二本ついていて、両肩で背負われる。コテボは小さなテボという意味で、腰につり下げて、種まきのときなどに使用される。

これらのカライテボは、見方をかえれば、民芸品といっても通用するほどの美しさがある。特に古いものの中には、竹質が枯れて飴色となり、使い込まれたため艶が出ているものがあり、その美しさにはしばしば感嘆させられることがあった。

次に標準的な寸法を記す。

スカリ　高さ六十センチ　直径五十センチ
ナガテボ　高さ六十センチ　直径二十センチ
カケテボ　高さ四十センチ　直径三十センチ
コテボ　高さ二十センチ　直径二十センチ

三、魂を運ぶ鳥（信仰の民具）

民具の研究には大きく二つの方法がある。民具そのものをいろいろな角度から研究する方法と、民具を使って民俗の何かを描き出す方法とである。

前記したカライテボはほぼ前者にあたり、対馬の風土へどれだけマッチした民具となっているかを記したつもりである。これは従来の民俗誌的な記述でもあるが、呼称と形態分類の一部を組み合わせて記した。

後者については、これから魂を運ぶ鳥と題して、国境を越えて波及する文化の影響を考えてみるつもりであるが、民具からでも立派に文化論へ発展する可能性があることを示したいと思っている。

本稿のはじめに記したごとく、対馬は国境の島である。韓国に接しており、文物の往来は縄文時代の昔から、中国やその東北部からも、また南からは対馬暖流に乗って海岸伝いに交流のあったことが想定されている。

一九八五年六月六日付『統一日報』の文化欄に、韓国民俗学会会長であられる任東権先生の「対馬（日本）の韓国、民間信仰」が掲載された。内容は、東京・池袋の韓国文化学院で行なわれた講演会「民俗学から見た日本の中の韓国文化」の講演要旨である。要旨からすれば、韓国文化は北方文化の南進型で「陸続きが断然有力視される」という立場をとり、韓国から南進する文化の伝来地として対馬をとらえ、「北方文化の南進を考えるうえで、対馬は貴重な資料を多数残している」と結んでいる。具体的には幾つかの事例から、文化の類似性を指摘し、その中の一つに信仰の民具をとりあげている。「（対馬で）天道神の祭られている峰が、卒土《そど》と呼ばれるが、これは韓国の、蘇塗《そど》につながるものだ。蘇塗は、高句麗や三韓時代の馬韓において、天神を祭った神壇を指す。竜良山のことを卒土山とも呼んでいる。韓国では、村のはずれに旗ざおのうえに鳥の形をしたものを立てるが、これはソッテ（鳥竿）と呼ばれる――略――

韓国よりも厳格に

こうしてみると、対馬の天道神は紀元前後に伝えられたものが原初的な形のまま残ってきた可能

樫根の鳥形

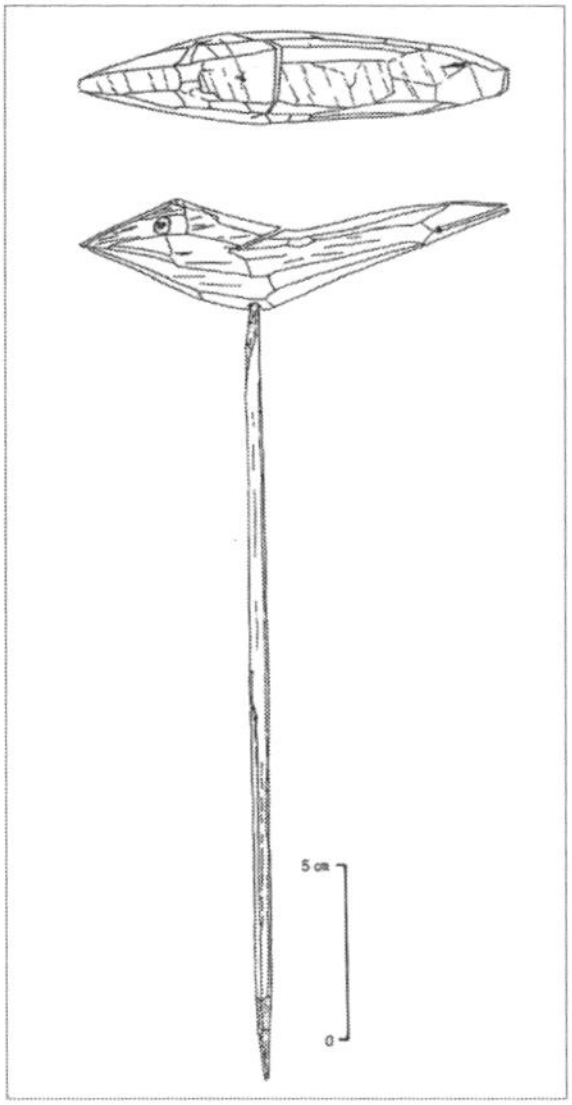

鳥形の実測図（椎根）

性が強い」（同紙から引用）と。

この中でとりあげられたソッテについて、筆者は信仰の民具という観点から記したい。

かつて筆者は、このソッテについて、「死者の鳥」（一九七九年）と題して論考したことがあった。ことの初めは八年前になるが、やはり対馬で民俗調査を行なっていたときのことである。

写真に示す「鳥形《とりがた》」がそれで、よく見ると安楽堂（霊屋）の棟が切妻になったところへ竹のヒシャクと彫物が置かれているのがわかる。その彫物が鳥形なのである。杉材でつくられた鳥の頭と胴体が、まるで丸焼けになった雀のようにさがっている。後でわかったことであるが、羽は厚紙でつくり、胴木の横へ刺し込むようになっていた。全長が一〇センチ、直径三センチの比較的小さいものである。この鳥形が地元の人のいうことには、死者の魂を運ぶ役目を持つものであった。それで筆者は「死者の鳥」と呼んだのであるが、曲では死んだ人の魂はできるだけ早く冥界へ届けなければならないといい、鳥形をツバメに見たてている。最近では速いだけならと、飛行機形をたてる例もあるとか……。

ところで、これがたいへん珍しいものであるというのは、高価なもの、目立つもの、あるいは単なる希少価値からというのではない。民俗学的に珍しく、たいへん貴重な例と言い替えるほうが良い。

信仰の民具の中では、ものそれ自体はそれほど価値のあるものはないが、ものに付された役割（意味）の方が価値のある場合が多いのである。対馬の鳥形（ツバメ）も、そのような観点からは代表的な例といえる。この鳥形自体、杉材を荒っぽく削っただけのものである。彫刻的な価値や金銭的な価値はもちろんない。しかしそのものがなくては決定的な証拠とならないものであり、ものがあることによって、その土地に根ざした信仰的な伝承を知ることができるのである。

このことは先に任東権先生の論考から、その根拠の一つであるソッテが対馬にもあり、対馬と韓国がたいへん密接である積極的な資料を提示することになった。しかしそれは単に対馬と韓国との関係で論じたもので、その他の周辺地域で多くの類例が見い出されている現在、東アジア的な見地から考え直さなければならないはずである。筆者は前の論考では、厳原町曲と阿連の鳥形を記したが、その後も厳原町椎根や樫根でも実見した。対馬では、下島のほぼ全域で行なわれていたものと思われるが、上島へ入ると、豊玉町などで今日全くしないところがある。その他、国内では、類例が五島列島久賀島や奈留島、あるいは平戸島で見られ、沖縄まで下ると読谷村などでは葬送の輿につく。前者は霊屋の上にとりつけられるが、ニワトリだという。沖縄の例は輿が棺になるもので、つくり付けられた屋根の四隅に曲の鳥形と同じものがついている。周辺諸国では、北はシベリアの凍土帯で鳥形を祭祀する少数民族（カオキ族ほか）があり、西は鳥葬の国ブータンで死者の肉体を鳥に与え、魂を冥界へ導くという例や、南はタイやカンボジアの国境地帯まで、鳥が魂を運ぶ例がある。一例をあげれば、タイ国の奥地でアカ族の村の入口には、門の上に形態的にも意義においても日本のそれや韓国のソッテと全く同じものが見られる。また考古学的な発掘調査では、大阪府池上遺跡出土の鳥形木製品が対馬のそれと酷似しているし、そのような発掘例も最近では多くなっている。山口県土井ケ浜遺跡では、鳥を抱いた埋葬人骨が出土して、これがシャーマンであったのではないかという考え方も示されている。このようなことから、鳥を介して現世以外の冥界などと通交する手段になっていたことがわかる。

そこで民具であるが、この場合いずれの地でも発掘資料はもちろん、形あるものであったことがすべての出発点になっている。従って民俗学の常套手段である伝承に加えて、ものをあわせて考えることができることになる。

以上は、国境を越えて波及する文化要素の一つとして、鳥形を信仰の民具の一例としてとりあげたものである。この中で対馬と韓国との関係は考慮しながらも、もっと大きな視野で文化現象を把握しなければならないとした。

四、山を耕す道具（生業の民具）

厳原町樫根で、ある農家の濡れ縁にすわり、佐須川の上流に重なるような山々を眺めていると、戦前まで行なわれていた焼畑の跡が何となく見えてくるような気がする。対馬では焼畑のことを木庭《こば》と呼んで、江戸時代には正式な年貢の対象となっていた。目の前に迫る急峻な傾斜地にも木庭地の呼称がついていた。ホリコバ、ワカタヤマ、アカサカヤマ、シラタキ、フルミチヤマとみな木庭地の呼称である。対馬では、いたるところに木庭がつくられており、そのためコバというだけでは通ぜず、他の地域で焼畑の跡へ木場という地名が残るのとは異なる背景があった。このような地では、いったいどのような農具が使われていたのであろうか。ここでは農具のいくつかをとりあげた。

筆者らは、昭和五十九年に対馬の農具調査を行なった。これは長崎県教育委員会が県内四十八カ所を選定し、明治初期以来の伝統的な農具の残存状態を民俗文化財の立場から調査した一環である。このうち対馬では、次のところが調査地にあがった。カッコは調査員。

下県郡厳原町豆酘（本石正久）
下県郡厳原町樫根（立平　進）
下県郡豊玉町仁位（立平　進）
上県郡峰町三根（阿比留嘉博）
上県郡上県町志多留（辻本義典）
上県郡上県町佐護（吉富孝汎）

調査項目は、九十種ほどの農具名を調査用紙に用意して、個別には民具調査の方法に従った。まず全体では農具はどのようなものが使われたかを記したい。

使用された農具

	耕作・植付具	除草・肥培具	収穫具	脱穀・調整具	運搬具
1	鍬	除草機	田代鎌(片刃)	千歯	かたげぼう
2	山鍬	かっこう	田代鎌(両刃)	ぶり	駄鞍
3	三ツ股鍬	土入鍬	ねえがま	籾擂	しけい
4	馬鍬	つつれ鍬	こがま	とおし	肥どり
5	犂(四種)	油ふり	のこがま	なで臼	手もっこ
6	ならし板	肥甕	ひきがま	杵	かかえもっこ
7	田ならし	掘込み	むんからなぎ	箱ふるい	たまこ
8	田船	灰壺		千石とおし	
9	鋤鏈	肥びしゃく		唐箕	
10	おい	肥たご		荒しょうけ	
11	ほぐし	おせたご		荒とおし	
12	田植綱、棹	肥どり		だつ	
13	船	水車		俵	
14		おどし		かます	
15				むしろ	
16				そばこひき	
17				麦かき	
18				箕	
19				はしかぎかい	

ナガテボをかついだ婦人（樫根）

以上で六十種となり、このほか農業土木具が十一種、農具製作具が五種（件）、蓑笠など必要関連用具が十種で約九十種類にはすぐ達する。ただしこれは種類のみで、実際は同じものがいくつか必要であり、点数となると二百点以上になる。本来なら一つ一つの農具と使用法を写真か図で説明しなければならないが、テーマにそってほんの一部しか記すことができない。

ここに記した農具は、豊玉町仁位で大正十年から親子三代にわたって農業を営んできた大百姓の家一軒に保有されていたものである。明治時代前期の農具を基本にして、残存する農具が六〇パーセント以上というのも資料的に高い数値である。大正十年以前には水田をまったく持たない状態で、カジカワ（紙の原料）の生産に従事していた。その時でも畑一町、山林三町を持ち、一般的な農家の姿というわけにはいかないが、農具の保有は数量ともに突出していた。

そこで焼畑関連の農具であるが、下草払いや雑木の除去を行なうためネエガマとノコをカライテボ（ナガテボ）に入れて山へ行く。耕起の時は山鍬とホグシ（掘棒）を使う。この中で、万能耕具といえるのが山鍬である。山鍬は唐鍬と同じ形態であるが、柄が短い。対馬でごく一般的に鍬といえば、この唐鍬をさしている。クワと呼称しているが、本土でいう長柄の鍬は対馬ではほとんど使われなかった。また伝統的な板鍬と呼ばれる柄が短く台が木製で先端と両側縁に鉄刃をはめ込む式の鍬も対馬では普及しなかった。焼畑でもっともよく使われるのが山鍬で、山の斜面で使うのに都合よく短か柄である。しかも山鍬に使用される唐鍬は比較的軽いものが選ばれてきた。実測図に示すものは柄がやや長いが山鍬にも使われる。これらの唐鍬や山鍬、ネエ鎌など村内の鍛冶屋へ注文して作らせた。焼畑で山鍬の他に重要な耕具となるのがホグシである。一般に掘棒とあてるが、掘串が起こりである。ホグシは、調査では田畑で石おこしのテコに使われるのが主用途であったが、昔は山芋掘りに使ったといい、焼畑では砂礫混りの掘具としては格好であった。

ところで対馬の焼畑は、「藩治中は山林と云ふ称号なく山岳皆木庭と称す」（昭和三年、『対馬島誌』二五七頁）と記されるほどで、畑と木庭の区別が必ずしも明確にはできない場合が多々あったという。古記録では「畑木庭」と記し、畑と木庭を一緒に扱っており、畑もまた段畑や山畑があり、作物はいずれも麦主体となると区別はつけがたくなるわけである。大正時代に政府から禁止令が出るまで木庭作は麦つくりが主体であった。地力がおちる次年度にソバやアワをつくり、三年次以降はサトイモや豆類をつくった。それでも禁止令以降も木庭は行なわれており、麦作は行なわないまでも、初年度にソバやアワを、次年度にサトイモや豆類をつくり、これが昭和二十四、五年頃まで続いた。木庭作については、農業経済史的に単位収穫量の問題や商品性の低さなどで論議されてきたが、とにかく地元の人々にとっては生きていく糧であったことは想像に難くない。これを民俗学や民具学の立場から見るとき、いかに真摯な姿が浮かびあがってくることであろうか……。

五、古代の修羅が生きている地

対馬では、珍しい民具を時々見ることがある。珍しいとは希少価値を多分に含んでいるのであるが、それだけではなく、まだ歴史が息づいているという感慨をおこさせるものである。別稿で記したこともあるが、佐護湊の材木船や家格を象徴するともいわれる金輪などはそれにあたる。いずれも古くからの伝統的な生活を偲ばせるもので、材木船は古代に大陸との交通手段となり得るものではないかという論議にまで発展したこともあった。このことを含め対馬では多くの事物が先史古代のあれこれと結びつけて語られるが、それは歴史的に見た保存状態が他の地域に較べ格段に良いことからである。

ここに紹介する「石カセ台」は、昭和五十三年大阪府藤井寺市で発見（発掘）されて大きな関心を呼んだ「修羅」にまったく良く似たものである。藤井寺市のものが現在推定されているように大きな石を運んだ橇であったならば、対馬の石カセ台は用途も形態もそのものであるといえる。今その時代から、対馬にそれがあったかどうかは確認できないが、ならばまさに古代から使われた道具が長い年月をへて対馬に残ったことになる。まさにこれはたいへんなことで、むしろこのものから古代のそれを推定復元していく確かな立場を得ることができることになる。

筆者はこの石カセ台を農具調査のとき（昭和五十九年九月）、厳原町樫根と豊玉町仁位で実見した。調査では二種類の石カセ台があり、写真のものは小さい方である。全長二メートル、幅四〇センチの赤樫の股木を使っていて、元方の直径が二四センチ、頭から五〇センチのところと一一〇センチのところへ、直径五センチの貫木が二本通っている。先端にはロープを通して引く穴をあけてあり（穴の直径二・五センチ)、ロープは牛に引かせたという。牛に引かせたことから「石引かせ台」といい、これがつまって「石カセ台」といっている。

現在残っているもう一方のは中型というが、全長が約三メートル、幅一一〇センチで、大型のはもっと大きくなるはずであるが、現物はない。中型のは先端が上向きに曲った丸太を両端に使い、間に貫が三本通り、井桁を組んだ状態になる。中型以上になると、股木ではできなかったのか、修羅とは形態的に異なってくる。

修羅によく似た対馬の石カセ台(樫根)

この石カセ台は、樫根が昭和三年に大水害にあい、佐須川沿いの水田の多くが流されたことがあり、その復旧工事をする時に使用したという。昭和三年の秋につくり、一年おいて、翌年の冬から春にかけて使ったものである。

ところで修羅であるが、名称については同志社大学の森浩一先生がいっておられるように(森浩一、一九七九)、

「この『修羅』という言葉ですが、これは考古学的に正確に申しますと木製のV字形の運搬具、つまり木橇といえばいいわけです。ただし、そういうむずかしい専門用語で呼んでいるものと同じものが、江戸時代初期の『築城図屏風』に描かれている。その用途は明らかに巨石の運搬具で、これを修羅(土地によっては、シラと発音する)と呼んでいるので、その言葉を使うことにしました。もちろん

これを古墳時代に修羅と呼んでいたかどうか、それはまったくわかりません。

このような巨石を運ぶ木橇を修羅という言葉で呼んだのは、文献のうえでは室町時代（『節用集』や『尋尊大僧正記』など）までしかさかのぼることはできず、それ以前の言葉はわからない」（同書、七七頁）ということである。

そこで対馬でのことであるが、確かに樫根にはシュラらしき言葉がある。この石カセ台を引くとき、下にすける通常コロといっているものを「スラ」と呼んでいるのである。この言葉の意味と語源ははっきりしないが、橇ではなくても何か石カセ台と結びつけたい気がする。しかし長崎県内には、この石カセ台と同じ橇のことを「スラ」と呼ぶところがある。北松浦郡鷹島町でのことである。ここでは人が引く橇であるため小型で、用途も石を運ぶのに使ったという。鷹島は石の産地であり石工の多いところで、その石屋さんがスラを持っているのであるが、農業土木用に各村内にも一台は持っていた。

以上で、修羅については一応区切りとしたいが、あくまでも民具という立場から、歴史性を帯びたものへの活用を考える資材としたつもりである。

最後に、本稿では対馬の民具紀行という形で記してきたが、もとより満足なものではない。関係各位に感謝して、今後とも機会あるごとに対馬へ足を運びたいと思っている。

（初出・『えとのす　三十号』新日本教育図書、一九八六年）

註

（1）立平進「死者の鳥」『考古学ジャーナル』第百六十六号、一九七九年

（2）金関恕「鳥とシカへの信仰」『古代史発掘四　稲作の始まり』一九七五年

（3）立平進「仁位の農具」『長崎県の農具調査（前編）』長崎県教育委員会ほか、一九八五年
（4）山田龍雄「四、『老農類語』における対馬農業」『老農類語（対馬）』解題、日本農書全集三十二、農文協、一九八〇年
（5）立平進「対馬のイカダ船」『ミューゼアムキュウシュウ』第七号、博物館等建設推進九州会議ほか、一九八二年
（6）森浩一「〝修羅〟とかくされた巨石文化」『考古学の謎解き』講談社、一九七九年

参考文献

瀬川芳則「稲作農耕の社会と民俗」日本民俗文化大系三『稲作と鉄』小学館、一九八三年
萩原秀三郎、崔仁鶴「韓国の民俗」第一法規、一九七四年
秦弘燮、新谷武夫訳「百済・新羅の冠帽・冠飾に関する二、三の問題」『古文化談叢』第十集、一九八二年
右書中、G. Nioradze著・李弘稙訳『西伯利亜諸民族の原始宗教』ソウル新聞社出版局、一九四九年

立平 進（たてひら すすむ）
1973年国学院大学文学部史学科卒業
1974年長崎県立美術博物館学芸員
1997年国立水産大学校助教授
1999年同大学教授
2000年長崎国際大学教授
2004年長崎国際大学大学院教授
2013年長崎国際大学特任教授

特別寄稿（2）

島の生活

阿比留嘉博

衣食住

一、衣生活

〔麻〕

織物繊維の主役は麻であった。

麻は稲と前後してわが国に渡来した。食の主役と衣の主役が相前後して渡来したことは興味深い。

麻の作りつけを島では「麻苗代」という。稲の苗代とよくにているためでもあろうが、麻が稲と共に特別の作物とされてきたことと関係があるように思う。

麻畑は農家の持ち畑のうちで一番の上畑が選ばれる。麻苗代の終った夜は神棚に灯明をあげ簡単な御馳走をする。

麻を作らなくなった今も「麻畑」や「麻床」などの地名が残っている。又「麻がま」「麻いで」「麻どん」などの地名は、部落共同の麻むし場であった名残りである。

島では葬儀の時麻の「荒お」をつかい、喪主は「麻上下」を着るしきたりであった。麻の着物は「ぬの」「のの」「カタビラ」などと呼ばれている。「佐護ねの」が有名である。

今はすっかり姿を消してしまったが、それでも夏のカタビラは処々で見ることがある。

麻が衣生活の主役であった頃の用具といえば、曲物や竹で編んだ「おおみ桶」と「糸車」だけである。

麻酔性があることを知っていたとも思えないが、島では麻の実を炒ってすりつぶし「なます」や「あえもの」にふりかけて食する人も居た。

〔綿〕

綿が麻にかわって織物の主役になったのはそれほど古い時代ではない。

綿は肥料をくい地味のやせた島にはふむきの作物であった。ただアルカリ性の新開地にはよくできたので木庭などに作りふとん綿にした。質のいい綿は毎年選んでたくわえ、はたにかける量になると糸にして織った。

綿の栽培は朝鮮から渡来したと思われるが、佐野の鰯組も綿の栽培と関係がありそうである。

綿花を「さねぐり」にかけて「くり綿」をつくりそれを「ゆみ」かけて「いと綿」にした。「いと綿」から「しのまき」をつくり糸車にかけて糸にした。隣近所又は親せき同志が「かたより」で糸車を持ちより、作りためていた「しのまき」を次々と糸にしていった。

綿が人々に喜ばれたのは肌ざわりや保温性もさることながら、染色があざやかであったこともある。

寛政四年（一七七二）の「百姓の年中行事と掟」の中に「一、木綿衣類、染色あい染、木の皮染、手織縞」と規制されている。

麻は染まりにくく変化がない。木綿は木の皮染でもよく染まり、麻にまぜて織ると縞模様が目立った。

何年もたくわえて糸ができると「こうや」に頼んで美しく染めてもらった。下県郡の阿連で「こうや」に行くといえば城下に行くことであった。朝早く提灯をもって家をたち、途中明るくなったところで提灯を道端にかくし置いて城下に行く。「こうや」に頼み買物をすませて帰ると丁度朝提灯を置いて居たあたりで暗くなり、提灯に火を入れて家に帰り着く。

それほど染色に執着するのも、従来の麻はなかなか染まらず、着物は若者も老人も同じくすんだ灰色であった。木綿の鮮かな藍色は工夫次第ではずいぶん粋な縞を織り出すことができた。手のこんだ縞模様でなくても灰色に変化をつけるだけでも嬉しいことであったにちがいない。綿ばかりで織るには糸が不足するので麻にまぜて織った。暗いうちに家を出て城下に来てみると〈紺屋のあさって言葉〉で手ぶらで帰らねばならぬ事もあったという。

藩制時代の統制が解けると、農村でも裕福な農家が職人を招いて紺屋をはじめたが、明治も末頃になると品質のよい「カセ」が農村にも出まわりはじめた。そうなると手間暇のかかる粗雑な手前糸はたちまち影をひそめ、紺屋も何時とはなしにつぶれていった。

〔とうじん〕

作業着は「とうじん」とよばれ袖は「つつ袖」「もじり袖」「鉄砲袖」である。男の上衣は「みじかとうじん」で下衣は「パッチ」であった。女子もやはり二部形式で「ながとうじん」で下衣は「三巾前掛」であった。下県郡豆酘の「ハギトウジン」はかなり知られている。片襷替の仕立で、袖は鉄砲袖である。ハギトウジンの起元を豆酘に伝わる「美女伝説」と結びつけているものもあるがゆきすぎで、やはり美しく目立つように工夫された片襷替である。

〔はた〕

以前はどの家にも機があり、座敷の縁側などに置いて織っていた。別に庭先に機小屋を建てる家もあった。ほとんど高機である。だが地織の「ヒ」が各部落に数多く残っているので、地機の盛行した時代のあったことを知ることができる。

〔その他〕

絹物の着用は百姓には御法度であったが、すんなりと守られていたわけではない。麻とまぜた絹物の晴着は今も大切に残されている。

対馬は山国である。絹とまぜ織された着物は光沢があって上品である。

新しい着物は「よそゆき」であるが、着古されてくると「ふだん着」になり、更に「作業着」に仕立なおされる。苦労してつくられた衣類はどれも貴重品であった。作業着は「ぞうきん」にされ痛んでいない部分は切りとって「ふせぎれ」にされた。

二、食生活

〔島の食糧〕

島で生産される食糧は雑穀をあわせても島の人口を一年間養うことができなかった。せいぜい五〜

六カ月分であった。

耕地が増え、肥料も農薬も容易に使用できる現在もこの事情は変わらない。米が配給されるようになるまで、島の人々の主食は麦であった。

「……当時の出来物を片食に致し、穀物又は孝行芋、カシの実類の如き品の実物を有り合うにまかせて一時に喰いつくし候へば、後は又掘り物、磯草等を片食い致し候故体を悩し候……」（宝暦八年十二月「百姓差図方の事」より）孝行芋は甘藷のことであり、カシの実と共に「実物」として穀物なみに大切にされた。「掘り物」の代表は「カンネ」である。クズカズラの肥大した根のことである。その他ワラビの根やスグラ・ユリの根などが掘り物である。スグラは「さんだいがさ」「ツルボ」と呼ばれる植物である。又ナルコスズの根は「オオシ」と呼ばれ甘味をとるために用いられた。

磯草は海藻のことでワカメ・ヒジキは勿論のこと、平年には手をつけないムラと呼ばれる海藻も飢饉の年には採って食べた。

藩制時代、島の食糧不足は肥前田代領の米と交易による朝鮮米でおぎなってきた。

甘藷・カシの実・掘物磯草と、農民の食料は常に他地方の飢饉時のような貧しさであった。

〔木庭〕

耕地の狭い島では当然山地が農耕に利用されるようになる。南向きの山は山頂近くまで耕やされる。帯の幅ほどの段々畑である。

島の山畑には「段」と「平」がある。「段」は切りとり築きあげた段畑でスイッチバックにより山頂近くまで連なる。「平」は山頂や山腹のゆるやかな傾斜地をそのまま畑にしたもので、共に畜力の鋤耕で麦や甘藷がつくられる。

段でもなく平でもよい山の畑が木庭である。山腹や山すその傾斜地をきりひらいて焼き、そのあとに麦・そば・豆類などをつくる焼畑農耕である。

木庭は貢租の対象にされ、四等級に区分されていた。島では給人と呼ばれる郷士の知行高を「間尺の法」で示す。一間の面積は上々畠または上々田一町歩の広さと収獲高である。

木庭一間の面積は広いが上々木庭は十年、上木庭は十二年、中木庭は十七年、下木庭は二五年ごとに開かれる定法になっていた。きりひらかれて一〜二年つくられると又十年から二五年の間放置されて草木を茂らせ地力の回復をまたねばならなかったのである。

島内各町役場の土地台帳にのっている木庭の地名を探すと約一六十カ所あった。この台帳は寛文検地の土地台帳が下敷きになっていることを考えれば、木庭作がふるくから盛行していたことを知ることができる。

木庭の地名は下島に薄く、上島に濃く分布している。

〔麦〕

畑の大部分に麦が作られ、その裏に甘藷がつくられた。

麦は主食にする大麦が主で、裸麦と小麦は僅かずつ作られ、味噌、醤油の醸造用にされた。

麦を収獲したあとの「すきおこし」を「むぎからだおし」という。かつて、麦を「穂づみ」していた時代の名残りであろう。「穂づみ」したあとの麦からは「ねーがま」でなぎ倒して焼いたりそのまますきこんだりりしていた。麦を根刈りするようになっても、古い作業順序のことばが残ったわけである。島では現在も「穂づみ」している光景をままみることがある。「小てぼを」を腰につるし、小鎌で穂先を区切りとって行く。

麦を脱穀調整する「はしか」は苦しい作業である。先ず「センバ」にかけた麦穂の「のぎ」(芒)を焼いて一カ所に積んで置く、この作業が終ると、庭にひろげて「からざお」(ぶり)で打ち、唐箕又は風選で調整し俵につめる。

昔は梅雨があけてから「はしか」をしたという。のぎを焼いた黒い灰にまみれ、炎天の庭で終日ぶりを打つ作業はつらく、苦しかった。「はしか」は親類や隣近所が互いに手を借し合ってした。

麦を精白するのは女の仕事であった。

どの家も朝早いうちから「からうす」を踏む音がした。時には「かたづき」だけで終る朝もあり、「仕上」までつきあげ、昼に洗って庭に乾すこともあった。

飯は湯とり法で炊いた。「しろめ」に十分水を入れて炊き、ざるにあげて煮汁をすてる。これを「かたみず」または「たっかけめし」などと呼ぶ。「かたみず」に米を僅か入れて炊きあげたのが「はんばくめし」である。米のかわりに甘藷を入れて炊けば「こうこめし」である。その他大根を入れれば、「大根めし」、ひじきを入れて炊けば、「ひじきめし」である。

米も甘藷も入れず麦だけで炊きあげたのを「ばっかり」という少しふざけ気味によんでいるようである。「ばっかり」は煮立ってくると煮汁を捨てないで何回も何回もかきまぜると、おいしくなるといわれた。

〔甘藷〕

甘藷は麦に次ぐ重要な食料で、島では「孝行芋」と呼ばれている。百姓孝行の芋というわけである。甘藷は煮て喰うのが一般的であるが、生甘藷をながく保存するには限度があるので、うすく切って乾燥させて保存する「キリボシ」や澱粉にして保存する「センだんご」がある。

乾燥したり澱粉にして保存する方法は他の地方にもあって珍らしくないが、島では種芋を植えつけ肥大させ季節はずれの生甘藷を喰べる方法がある。「うばいも」「ぼんさん」「ばけいも」「ふるね」「おやばけ」など部落によって呼名もまちまちである。だがどの名称もズバリ種芋の肥大変化をいったもので、共通の意味を含んでいる。ただ「ぼんさん」だけは別で、旧暦の盆頃から食べられるようになり、お盆の仏様にお供えするのでこの名があるという。甘味が強く、美味である。

「センだんご」の製法もまた変っている。くず芋や傷芋を「からうす」で荒く砕き、幼児の頭大にまるめて戸外にならべて寒気にさらす。芋の繊維が腐った春先に水にさらし粕を取り除き沈澱した澱粉を小さく丸めて乾燥させたものである。センだんごの食べ方は色々あるが、近年郷土料理として「六兵衛汁」がもてはやされ、代表的な食べ方になってしまった。

生甘藷は大きな穴にうめて保存する。住家や小屋の床下や水はけのよい暖い地に穴を掘る（直径二メートル、深さ一・五メートル）「いもほな」「いもがま」「とんもぼの」などとよばれている。

島に甘藷を栽培普及させた、原田三郎右衛門については別に述べる。

〔救荒食料〕

島の救荒食料といえば、宝暦八年の「百姓差図方の事」の中にある「掘物」と「磯草」であろう。磯草は海藻である。

掘り物はカンネ・ワラビの根・ユリの根・スグラの根・やまいも・オオシの根などがある。掘り物ではないがカシの実・ドングリ・シイの実・クリ・マテバシイの実・梨・カキなどの「なりもの」もまた救荒食料であった。

カシの実は水漬して保存した。水が流れなければ腐るといわれた。島内各地にある「カシゴウ」の地名は、カシの実を水漬けして保存する場所であった。カンネやワラビ掘りは饑饉の年ばかりでなく、秋の麦作りが終ると皆山に出かけて掘ったようである。

カンネようきけ横山くだり
くわぬつらさにほりにきた

カンネもワラビも「からうす」でつき砕き、水ごしして澱粉をとり乾燥してたくわえた。スグラはオオシと一緒に大釜で煮て、こうせんにまぶしてたべた。

三、住生活

〔統制令〕

藩制時代住居に関する統制令は幾度も出されているが、「屋作三間梁ニ不可過之候……」とされた天和四年（一六八四）の覚書が古いようである。

寛政四年（一七九二）の「百姓の年中行事及掟」には、

一、屋居　三間に四間
一、新宅は許しを請て思いたつべし
一、隠居屋建立すべからず
一、雑屋は勝手に応じ大きにして
一、畳は一人一畳当にして外三畳、此外莚

とある。百姓屋は奥行三間、間口四間に規制されている。

現在、この規制によって建てられたと思われる古い民家が三戸残っている。一戸は三間に四間、他は三間に四間半と、三間に五間である。時代がくだるにつれてすこしずつ間口がのび十九世紀の前期から中期にかけては三間半に四間半、三間半に五間半と大きくなり、国の文化財に指定された豆酘の主藤家は三間半に六間半である。

一方給人家は「四間梁」が基準にされたようである。

島で最も古い民家とされている鹿見の豊田家は四間に六間半であり、その他の給人家もすべて四間以上の梁である。

島の民家の特徴は広い台所である。台所の床は松材の板敷で、天井は大きな丸太組みである。座敷や納戸は台所の上手につき、下手は狭い炊事場である。台所には「いろり」があり、座敷との間には「三尺間」或は「中敷居」と呼ばれる浅い床の間がとられ、佛壇・神棚になり飾り床にしている家もある。

屋外から台所への入口は「どうじ」とよばれる土間である。台所の正面は平柱を使い柱間は上下二段の板戸の戸棚である。特に古い形式の民家は台所の下手にあかり戸の下に水がめを置き「みーんたな」とよばれる竹すの「流し」があり煮炊は「いろり」 でする。いわゆる「いろり炊事」になっている。また「どうじ」の上を中二階にして寝室又は物置にしている。

〔三点セットの農家〕

島の農家は、「母屋」（本屋）「雑屋」「小屋」で一揃いとなる。その外に「かまとこ」がある。本屋と雑屋の間につくられる例が多く、本屋又は雑屋に建てつがれる場合もある。便所は雑屋に附属する例と、雑屋近くに別に建てる場合とある。

雑屋は二つに区切られる。雑屋のことを「うまや」というのは、その一区画に牛馬が飼育されるからである。他の一区画は脱穀調製の作業場で、「からうす」「唐箕」「ひきうす」などが置かれている。土間であるが一部に床をあげて部屋をつくり農具置場にしたり、漬物や味噌醤油を置く味噌小屋にしたりする。又牛馬の飼料を作る「はみきり場」もとっている。

雑屋の天井はうまやの方は丸竹を敷き、藁や乾草を入れ、作業場の上は板を敷いて同じように藁や乾草の置場にする。

小屋は他の地方の蔵である。普通二部屋に仕切られ「俵物小屋」「衣装小屋」とよんでいる。よび名の通り「俵物小屋」には米、麦、そば、豆などの食糧がいれられ、「衣装小屋」には、ふとんをはじめ衣類や什物類その他大切なものはここにしまわれる。

小屋は本屋のある屋敷内には建てず、かなり離れた場所を選ぶ。本屋から離して建てると不用心でもあり不便でもあったが、火災のおそろしさを思えば、当然であった。島の人々は〈盗人は一からい、火事は一なめ〉という。かや葺・そぎ板葺・杉の皮葺の尾根は類焼が早い、小屋を本屋から遠くはずし、屋根も板石で葺けばなお安全であった。

狭い谷間の部落で小屋を本屋から離すとすれば自然とある個所に部落中の小屋が集ることになる。板石を葺きならべた小屋群はこの島独特の風景であろう。

本屋が瓦葺になるのは、天保十年（一八三九）「郷村給人の功労ある者に限り願いにより本屋瓦葺をすることを許す」という記録があるがそれ以前から裕福な給人家は瓦を葺いていたようである。

ここでいう功労者とは藩に献金をした者で、この頃は馬廻格・奉役格・奉役見習格・奉役次席格など又は一代給人・二代給人・永代給人など、実質のない格式を郷村に売りつけていた時代である。

石垣にかこまれた民家が多いのも島の特色である。強い季節風を防ぐためと、給人家を誇る屋敷がまえであった。

社会生活

一、ムラのなりたち

ムラ（部落）の規模は大小さまざまであるがその成立の歴史は古い。推測ではあるが古墳時代にはほぼ現在の部落は成立していたと思われる。

もちろん美津島町の「玉調」のように、部落内に弥生時代からの遺跡がありながら、中古無人になり、化政の頃再び人が住むようになった例もあり、明治になって他県の人々の移住によって開かれた部落もあるが、そのような部落にも古い遺跡がありかつては人が住みムラをつくっていたことが知られている。

対馬は地勢上入江の奥か海岸の狭い谷間の限られた平地が生活の場であり、現在の部落の住居地は昔もまた住居地であった。川筋の変化や浦が埋まることによって住居地も多少の移動はあったと思われるが、ほぼ千年この方同じ場所に住居をかまえていたようである。津島紀事によると、全島の部落数は、本村、枝村、枝里あわせて一四十もあったことがわかる。

本村と枝村、枝里との関係は種々ある。開田や開拓によってできる場合が多いようである。豊玉町の塩浜は藩による塩田の開発によって生まれた横浦の枝村である。また上対馬町の西泊は港の機能が重視されはじめる頃船つきのよい海岸にできた港のムラで、本村は古里とよばれるようになる。美津島町の今里は加志の今里で古里とはまさに逆のムラ名である。

そのほか支配関係による場合などもあったようであるが、今はその由来は消えうせて、ムラの名だけでは本村、枝村の関係を知ることができなくなっている。

また旧を田舎とよび新を浜とよぶ関係のムラがある。厳原町の久根田舎と久根浜がそうであり、上対馬町の田舎玖須と浜玖須も同じ例である。

ムラはほとんど同族のような関係で結ばれ、同じ氏神を祭り同じ寺に祖先を祀る。姓が異なり、多少の貧富の差はあるがその生活様式の基本は全くわからない。

急峻な山々によって隔離され、僅か四・五キロメートルはなれた隣りムラとの交流も険しい山坂道を馬の背によるか、海に出て小舟に頼るしかなかった。自然通婚の範囲も限られ、遠いムラと結ばれることはなかった。

ムラには神社と寺のほかに「シゲ」と呼ばれる禁忌の地がある。「七シゲ」などとよばれ、古いムラには数か所あるのが普通である。詳細に調べたわけではないが、シゲ地が古墳の場合もあり、その附近で古い土器片や石器類を見つけることが多い。伝承も絶え果てた遙かに古い時代の人々の生活の跡を禁忌の地として祭ってきたのではないかと思う。後代ムラの鬼門の方位にシゲ地をつくって祭った所もあるが、これはむしろ「さえの神」ににている。そこを通らねばムラに入ることのできないムラはずれの道傍に祭られたのが「さえの神」である。「さえの神」はムラにはいろうとする諸々の厄難をここで追い払ってくれた。

ムラは孤立し独自の年中行事を育んでくらしてきた。藩政時代にこの孤立したムラを八郷にまとめ、郷には一人または二人の奉役を置き郡奉行が支配した。奉役の下には一ムラまたは数ムラに一人の下知役を置いた。ムラ役人は肝煎、血判、頭百姓で貢租のことから年中行事、さては個人の相談事まで受持ってムラをとりしきってきた。

ムラの耕地や山地は百姓に均分されていたが、その他に給人の知行地があった。給人の知行地は一率でなく家柄によって多くの知行地をもつ有力給人もいたが、百姓よりも少ない知行地の給人も多かった。知行地は対馬独特の間尺法であらわされ、奉役や下知役に任じられるのは「間取り」の給人たちであった。明治になるとこれらの給人と本百姓を本戸とよび寄留者と区別しムラにおける諸権利をにぎってきた。

ムラにおける百姓の比率はまちまちで、給人の多いムラもあれば、給人のいないムラもあった。給人は身分は士分であったが、百姓とほとんど変わらない自給自足の生活をいとなんでいた。

ムラに郷士の多いのは対馬の特色で、国境の島らしく、他の地方と甚だ異なっている。それ故給人と百姓の比率はそのムラの性格を物語ることにもなる。

全島で本戸のないムラがある。加勢ケ浦、名方浦、志越、塩浜、見世浦、位之端、東加藤、西加藤、加志々、赤島、住吉、浅藻などで、明治以降できたムラである。

また本戸のうち、給人のいないムラは根緒、緒方、犬吠、芦ケ浦、箕形、吹崎、玉調等である。本百姓より給人の多いムラは、志多留、一重、茂木、御園、木坂、吉田、櫛、内山などで、本百姓と給人が同数のムラは大浦、狩尾、樫滝、久原、仁位、尾崎などで、その比率は藩政時代の行政上の処置によるものもあるが、更にさかのぼった時代に原因のあるものや、その地形上の位置によるものなど種々である。

ムラにおいて給人と本百姓との間には支配、被支配の関係はなかったが、有力給人家は郡奉行支配下の奉役や下知役につき、役料として年間定められた日数ムラ人を使役することがゆるされていた。

そのため役を世襲する給人家ではムラ人の使役が慣習化されて何時とはなしにムラにおける支配色を濃くしていった。

また有力給人に隷属する被官や名子本百姓の次三男など給人に被護されて生活する者もあり、有力給人の知行地のあるムラは支配、被支配の色が濃厚であった。

ムラの生産は農業が主で漁業は従であった。

どのムラも耕地は少なく山地を伐り開いた焼畑耕作（木庭）が行われ、ムラ近くの山々にはスイッチバックでつながれた段畑が山頂まで開かれた。また小さな入江を埋めたてる干拓も行われ人々は自給自足のため麻や綿まで栽培した。

漁業は地先漁業で、海藻は肥料として重視され、流れ藻より藻も採取配分、藻切りの口あけ等はムラの重要な年中行事であった。また泉州佐野から来た鰯組のあとをうけたムラ網があった。厳原町曲は専業漁民の海女のムラで俵物三品のあわび、なまこの採取を全島の磯場で行っていた。

一般に西沿岸のムラは漁業に対する依存度が低く純農村風であり、東沿岸のムラは漁村風で、ムラ人の気風にもまた微妙な差異があった。

二、ムラ規約

「貝吹きだん」という地名のあるムラがある。ホラ貝を吹いてムラ中に合図をする場所である。貝を吹いて合図をするのを「貝をたてる」といった。

ムラ集り、ムラ公役、ムラ網、それに祭礼や葬送等にムラ人に集合を命ずる会図である貝は誰もが勝手に「たてる」ことはできない。普だんはムラ役人の宅に保管され、役人の命令で貝をたてた。

共同生活を維持していくため、ムラには色々のきまりがあった。それらは皆慣習法であった。貝の音を聞くだけで、ムラ中の人々はその意味をさとった。説明をつけくわえる必要もなかった。

この長い間の慣習からうまれたムラのきまりに違反するものは罰せられ、軽蔑されたが、更に違反をくりかえすとムラ中から「たてのけ」られた。ムラ八分の制裁である。然しどのように「たてのけ」られても葬送だけはムラ中でするのがきまりで十分の制裁はなかった。ながい間のムラ中同族であるという意識のあらわれであろう。

慣習法はきびしく守られてきたが、明治以降これを成文化することが流行り、どのムラも「ムラ規約」をつくってきた。ムラ規約はムラの憲法で、違反者は軽蔑され発言や行動もかろんじられた。最も重い罰は「ムラ八分」であった。

ムラの共同生活はムラ規約によって維持されてきたが敗戦後は全くその権威をうしなってしまった。自由とか人権とかプライバシーとかがまかり通って長い間ムラの生活を維持してきた規約は根底からくずされてしまった。罰則を強制すると法務局から指導を受けるようになる。ムラ規約はすでにその使命を終り前近代の遺物となってしまったのであろうか。

各ムラには帳箱があって、ムラ共同体にかかわるすべての文書が保管されている。ムラ規約はこの帳箱の中に封印されてうけつがれてきた。どの規約にも共同体を維持していく為の苦心のあとがあり、共同体維持のためには奉仕が当然のこととして強調されているのが目だつ。だがその他の記録を調べてみると個人の事情もずいぶん斟酌《しんしゃく》され、結局違反者はムラ中に一人か二人で、ムラでは変り者として取りあつかわれているにすぎない。結局ムラ規約は罰するためのものではないことがよく意識されていたからだと思う。違反者は罰せられるよりも軽蔑された。軽蔑されまいとするところにムラ規約の意義があったとすれば、ムラ規約をもう一度帳箱の中から取り出す必要があるのではないかとも考える。

三、ムラの年齢集団

ムラには年齢による四つの集団があり、共同体の維持にそれぞれふさわしい役割をつとめてきた。子供組は七歳から十四歳までが普通で、十五歳から若者組に入りムラ公役にも出て一人前と認められた。若者の上は中老で壮年組である。五十歳になると老人組にはいり「あまた」などとよぶムラもある。

子供組の仕事はムラによって異なるが「さえの神」まつり、「ほけんきょう」（吉書焼き、ドンド焼）、「いのこぶり」などである。

「さえの神」はムラの出入口を守る大事な神様で、子供組は自分たちの選んだ指導者の指示通り十数日も前から祭りの準備をする。又祭りが終るとその旨を村役人に報告する。

「ほけんきょう」も同様で、ムラ中の人々は無病息災を念じこの火で焼いた餅をたべる。

子供組にはじめて入る者はこの行事の時親につれられたり、近所の年上の者につれられたりして「はつ入り」をする。「いのこぶり」の準備も早くからはじめる。幼い者の指導をねんごろにくりかえす。夕暮時からムラ中を一軒残らずまわって、「いのこぶり」をつき祝い歌を歌って家内繁昌を祝う。

「こっぱら」（成木責）も子供組の受持で、いのこの時と同じようにムラ中をまわって予祝の祝い詞をとなえる。特に新嫁の尻をたたいて呪文をとなえる「子はらめ棒」の風習を残しているムラもある。

若者組はムラの推進役でムラの年中行事の諸準備はすべて若者組の仕事である。盆踊りはムラを継ぐ若者たちの厳粛な行事で、ムラの神仏やムラに功労のあった祖先の霊に踊りを奉納供養する。踊り宿での練習にはきびしい躾教育がほどこされる。また旅人のため道標をたてたり、ムラ人の慶弔を他のムラに伝える飛脚をひきうけるなどの奉仕活動も若者組の重大な仕事であった。

壮年組はムラの代表でムラの行事すべてに責任を負い、他のムラとの共同行事などとの折衝にもあたる。また若者組を監督し教育する大事が託されているためすべてに慎重である。組としての特別の行動はないが、それぞれが一家の主人であるため、ムラにおける会合にはすべて出席し、お互い情報や意見の交換をし行事の日程等のうちあわせなどをする。

老人組は隠居組でムラの行事に一家を代表して参加することはない。組として行動することもないがムラ中から大切にされ、非公式に意見を求められることは多い。ムラによっては「カジキリ網」などの権利をもっている例もある。

女の子供は子供組の行事の見学者で組はもたない。三月三日、盆などに女の子供だけの行事をもつムラが一、二知られている。

青年女子も同様で、盆踊りなど若者組の行事のまかないを受持つ程度である。仲の良い同志が相談しあって一諸に働くなどの個人的なものが多い。

主婦組は年令に制限がない。観音講や日待、月待など信仰的な行事にムラ中の主婦が集り一諸に飲食して楽しむ。正月休みに小銭をかけた「ホービキ」をして楽しむムラもある。

ムラで主導権をもつのは勿論壮年組で、ムラの代表でその決定は尊重される。若者組は壮年組の指導監督を受けて行動する。独自の行事や会合ももつがムラの責任者になる見習的なものが多い。

子供組は収獲の予祝や感謝又は災厄を払うなど古い伝統的な行事を受けもつ。「いもぬすみ」「豆ぬすみ」なども古い「あいなめまつり」を遊び化して伝えてきたものと思われる。

ムラの遊び日は正月三が日、三月三日、六月初午、七月盆二日、氏神祭、ときまっていたが、ムラでは色々の名目で休み日をつくった。磯まつりの「春なぐさみ」がそうである。半夏生の日は天から毒が三粒ふるといって、ムラ中釣りに行く風習もそうである。正月五月九月は祭り月として十一日には伊勢講、十六日は山の神を祭って休日にした。

雨乞いや日乞いも或いは休息の意味も含まれていただろうし、相撲願、舟競願、芝居願、などの願をかけ、願いが叶うと特定の日を定め、ムラ中が競技に参加して楽しみ、芝居をしたり見たりして楽しんだ。

四、門じるし

山島的な地形の対馬で年間の食糧を確保するにはどうしても山畑や焼畑にたよるほかはなかった。「かたより」の労働慣行はずいぶん古くからあったものと思われる。

焼畑の場合（ソバ木庭とムギ木庭があった）、①木庭きり、②木庭焼き、③木庭ばりと家内だけの労働ではどうにもならぬ作業が続く。旧暦の六月にソバ木庭きりが行なわれる。

日数をかけて木庭をきると焼く時に不揃いになる。炎天下に枯れすぎて早く焼け地に通らぬ所やまだ生焼けで燃え残りの多い所もできてくる。木庭全体を均一に焼くには一日か二日でこの作業を終えることがのぞましい。

木庭焼きは木庭きり以上に屈強な男の手が必要である。用心の上にも用心をかさねて火を入れるのであるがそれでも山火事になる例は多かった。

木庭ばりは女の労働力で十分であったが、これも三日も五日も日数をかけるわけにはいかない。ソバは七十五日で人の口に入るといわれ成熟の早い作物である。作りつけると施肥も中耕も除草もせず成熟を待って収穫するのが焼畑耕作である。成熟が揃わないと遠い木庭まで何日も通うことになる。「かたより」で尚男手の不足する場合は、「かせい」を頼んだり、牛馬との交換労働で男手を集めることもある。

山畑の多い対馬では肥料の運搬はすべて馬にたよった。馬の「かたより」もあったし、人と馬との交換労働もあったわけである。

ムラの人たちは、木庭の距離や山畑の位置を考え、近所や親戚同志「かたより」をして作りつけや収獲をした。農具や昼食は手前持でコビルマだけを「かたより」を受ける家で用意した。カマ、クワ、ナタなどの用具が同じ作業場でつかわれる。まじりあった道具を識別するためどの家も印をつけた。

「門じるし」はムラ中どの家ももっていた。どの印はどの家のものとムラ中の人は熟知していた。たとえ道具を忘れていっても印さえついていれば必ず持主の所にもどってきた。農作業だけでなくムラの協同作業の道普請や川ざらえなど道具のまじり合う機会は多かった。

農作業だけでなく門じるしは別の面でも必要であった。冠婚葬祭、特に葬式は村八分の制裁を受けている者でもムラ中で送るならわしがあった。葬送の日は、ムラ役人が貝をたてて山や海に働きに出ることを禁じ、ムラ中から葬式用の精麦を集める。また血縁や交際などで、墓穴を掘る者、かぶせ石をとりに行く者、よそのムラに飛脚にたつ者、薪を用意する者などが自然ときまる。

女たちは近所から膳、椀、皿、鉢などを集めて葬式の準備をする。葬式だけでなくお祝いの場合も膳や椀が借り集められるが門じるしがあるため間違いなく持主に返された。

またこのように大勢ムラ人が集まると履物が乱れる。下駄にも門じるしがつけられた。

より藻、流れ藻は協同で採集し海岸で分配した。目分量で積まれた藻の山に門じるしを書いた石が置かれて所有者が決まる。これはムラ網の魚の分配も同様である。

門じるしは古い生活協同体のムラの中に生れた生活文字であった。

門じるしのほかにムラには門名があった。例をあげると、

神田……地名による門名

猪除……同じ

小安藤…分家の安藤

表安藤…本家の安藤

福栄丸…持船の名が門名になる。

網元……ムラ網の責任者

かじ……かじ屋
長次郎…人名がかど名になる。
ほさ……保佐（神官）

などである。門名が多いのは厳原町の豆酘で、現在も門名で呼ぶならわしが続いている。

人の一生

一、出産

産の忌みは多少にかかわらずどのムラにもある。浅海湾沿岸のムラでは妊婦やその夫はイルカ漁に参加することができない。

「魚があれるから」と云う。V字形の浦にイルカの群を追いこみ、網でたてきり、突棒でつきとるこの漁にはムラ中総出で参加する。一つのムラだけでなく、近隣のムラと協同して行う場合が多い。それ程人手が必要でありながらこの風習はきびしく守られている。

イルカ漁にのみ産の忌みがあったわけではなく古くは一般的であった産の忌みがたまたまイルカ漁だけに残ったのであろう。

産の忌みが最もきびしくしいられるのは産屋の習慣であろう。

津島紀事は、峰町木坂に産屋の習慣があったことを述べている。

「当村産婦あれば産にのぞみ俄かに野辺に産屋を作り、その産屋の成就せざるうちにいたりて分娩すると云う……これを「原上」と云う。これ所の習いなり。相伝う豊玉姫の安産にならう遺風なりとかや、近年古風やや乱れて、我家にて産し終りて「原上」す。かくの如くならむには遂に全くすたりなむ、惜しむべき事也と村老もいいあえり」

紀事が危惧していた通り、この風習は今は全くすたってしまっている。

それが惜しむべき事がどうかは別として、一つの慣習が消えていく過程を知ることができ興味深い。

紀事の書かれた文化の頃、木坂村では産屋の慣習がすでに形式化しはじめていた。すなわち、産婦が別火で生活する産屋ではなくなり、出産寸前に出来あがらない産屋で出産しすぐ家に帰る。それが次には家で出産し「原上」だけして家に帰るようになってしまった。産の忌みの形式化がどんどん進んでいる様子がわかる。次には代理者（母親など）が「原上」してすませるようにでもなったのではあるまいか。

現在対馬にはどのムラにも産屋の習慣はない。

妊娠について最初の儀式は五カ月目に行なわれる帯祝と七カ月目の「カネギトウ」である。

久田のひじき様には五カ月の妊婦が祈願し神社から帯を受け、出産後、帯になる白布と箒を奉納する。

その他安産祈願は厳原の成相寺の右近様がよく知られている。変った安産祈願はセーン神様や便所の神様であろう。だがこの風習は対馬独特のものではなく他の地方にもある。

美津島町の黒瀬では観音堂に奉納された白布をもらいうけて安産を祈願し、出産すると新しい白布を奉納する。子安観音であろうがムラの人は「安産の神様」とよんでいる。

このような安産祈願は、妊娠するとすぐするムラもあるが、五か月目の戌の日を選んで帯祝をかねてするムラも多い。

カネ祈禱は七カ月目でムラによって多少の異いはあるが、夫婦の着物をかさね塩や米を供え、保佐が弓ずるを打ち鳴らして祈禱するムラが多いようである。保佐のかわりに供僧や命婦などが祈禱するムラもある。

産の部屋は納戸の場合が多いが座敷も産部屋に用いられる。初産は実家でする例が多い。産婆はお産になれた老女があたり「イヤ」はどのムラも人によく踏まれる所に埋める。

「潮がさしのぼってこなければ子はうまれない」と云う。

初詣はムラによってことなるが、三十日、三十三日、三十五日などがある。

名つけは男は五日目、女は七日目にする。

二、成人式

人生の通過儀礼の中で元服とカネツケはどのムラでも盛大に行なわれた。男は十三歳—十五歳で半元服をし、十七—十九歳で本元服をした。女は十七歳でカネツケをする。男子の元服祝いはどのムラも長男にかぎられているようである。年令はまちまちで十五才で元服をするムラもあるが一番多いのは十九才である。半元服をするムラはすくない。

女のカネツケは十七才で、これも長女のみするムラが多い。

元服もカネツケも古くからムラにあった成人式で、特に女の場合は、体も衣裳も嫁入仕度ができたことをムラ人に知ってもらうことに大きな意義を感じていたようである。

元服には元服親またはえぼし親、カネツケにはカネツケ親を選んで親方子方の関係を結ぶ。親にはムラの有力者や親戚の者がなる。祝いの儀式はどのムラも一様で盃をとりかわす程度であるが、中には頭を剃るまねや髪を切るまねをした後に盃をかわすムラも残っている。

盃事が終ると神社に参り、親方の家にあいさつをし後は祝宴だけであるが、カネツケ娘達が相互の家を訪問しあうムラもある。

元服親やカネツケ親は、一人前になった彼等のムラに於ける実質的な後見人で、彼等の将来に強い発言力をもつと共に又十分の援助もしてくれた。

元服親やカネツケ親が死亡すると彼等は親と同様の喪に服する。

三、婚姻

結婚式はどのムラも簡単であったが、近年披露宴が盛大になっている。

ムラ内の結婚は互いに家の内情まで知りつくしているので当事者同志の意志が通ずれば婚姻に関する儀礼はまことに簡単にすまされる。

仲人親の役目も形式的なもので、口ききが終って娘と両親が承諾すると、酒さかなを持参して飲みかわし婚約が成立する。

祝言も簡単であったがムラ内婚だけでなしによそのムラとの結婚が多くなると、口ききの仲人と婚約以降の儀礼仲人の二重制もうまれてき、妹婿双方のムラの親族を認め合うことや、ムラ人にも嫁や婿の承認を求める必要などから祝言が盛大になりムラ内婚もそれにつれて盛大になったようである。婚約が成立すると、祝言までに、嫁や婿が通う「足いれ」と呼ばれる風習もあったが、現在はどのムラにも見うけられなくなった。

四、葬送

ムラでは人が死ぬとムラ中でとむらいをし土葬した。ただし変死者は火葬にした。「人やきどこ」の地名があるのは変死者の火葬場である。

人が死ぬと北枕に寝せ三角カヤをつる。枕もとには一膳飯をすえる。枕飯、ちから飯、がきの飯などとよぶ。

身内の者だけで通夜をし、坊さんをよんで枕経をあげてもらう。

湯灌は死者の近親者が二名、カタビラに縄の帯をして行う。ムラによっては人数や服装もいくらか異なる。

出棺は午後陽が沈んでからするのが普通であった。出棺の時は縁側から出る。棺が出ると「でたちの飯」を庭石に落して破る。

野送りの行列はムラによって異なるが、①タイマツ、②六道札、③白ちょうちん、④ハタ、⑤供花、⑥水持、⑦位はい、⑧棺、の順が多い。スヤが先頭のムラもある。

墓地で焼香が終ると近親者は後をふりむかずに帰り、玄関で塩と水できよめて内に入る。棺をうめ、かぶせ石をのせるのはムラの人がする。

野送りが終ると「しあげ」の儀式をしてムラ人は帰る。

豆酘には「シミッチョウ」とよばれる葬送の町内組織がある。

もともと葬送はムラ中でするというのが古いしきたりで、死人があるとムラ中働労をやめて葬送の手伝いをした。

豆酘の場合ムラが大きいのでムラ中働きをやめることをしないで近隣の町々で「シミッチョウ」をつくり、その町内の死人はシミッチョウ内の人だけで葬送するようになった。

対馬には遺体を葬る場所と死人の霊をまつる場所とが別々になっている両墓制とよばれる埋葬形式のムラがある。

埋め墓とおがみ墓のあるムラである。おがみ墓のことを、カラムショ、参り墓、おがみどころ、などとよんでいる。

木坂、青海、湊などのムラである。両墓制とことなるが、変死者や伝染病で死亡した者又は正月五月九月に死んだ女の人などをきまった墓地でなく、別の地に葬る風習のムラもある。

（初出『対馬の自然と文化　第六章』対馬の自然と文化を守る会、一九七九年）

阿比留嘉博（あびる　よしひろ）

大正九年（一九二〇）生、長崎師範学校卒業。厳原小学校長・豊玉中学校長で退職。昭和六二年（一九八七）没。

星　亮一（ほし・りょういち）
一九三五年仙台市生まれ、作家。一関第一高等学校、東北大学文学部卒。日本大学大学院博士課程前期（総合社会情報）修了。新聞記者、テレビ局プロデューサーを経て文筆業。二〇〇四年、ＮＨＫ東北ふるさと賞を受賞。編著書に『朝敵」と呼ばれようとも』（現代書館）、『満州歴史街道』『アンガウル、ペリリュー戦記』（潮書房光人社）、『脱フクシマ論』（イースト・プレス）、『幕末日本のクーデター　錦旗に刻印された官軍の野望』『会津藩流罪』（批評社）他多数。

国境《こっきょう》の島《しま》・対馬《つしま》のいま
——日韓《にっかん》、交流《こうりゅう》と摩擦《まさつ》のあいだで

二〇一五年五月三十日　第一版第一刷発行

著　者　星　亮一
発行者　菊地泰博
発行所　株式会社現代書館
東京都千代田区飯田橋三―二―五
郵便番号　102-0072
電　話　03（3221）1321
ＦＡＸ　03（3262）5906
振　替　00120-3-83725
組　版　デザイン・編集室エディット
印刷所　平河工業社（本文）
東光印刷所（カバー）
製本所　越後堂製本
装　幀　箕浦　卓

校正協力／電算印刷
 ISBN978-4-7684-5764-1
定価はカバーに表示してあります。乱丁・落丁本はおとりかえいたします。
http://www.gendaishokan.co.jp/